NEM QUE O MUNDO CAIA SOBRE MIM

Américo Simões Garrido Filho
Ditado por Clara

NEM QUE O MUNDO CAIA SOBRE MIM

Barbara

Revisão
Sumico Yamada Okada & Mônica Maria Granja Silva

Capa e diagramação
Meco Simões

Foto capa: /Getty Images

Dados Internacionais de Catalogação na Publicação (CIP)
(Câmara Brasileira do Livro, SP, Brasil)

Garrido Filho, Américo Simões
Nem que o mundo caia sobre mim / Américo Simões - São Paulo:
Barbara Editora, 2012.

1. Espiritismo 2. Romance espírita I.Título.
12-6219   CDD-133.93

Índices para catálogo sistemático:
1. Romances espíritas: Espiritismo   133.93

BARBARA EDITORA
Rua Primeiro de Janeiro, 396 – 81
Vila Clementino – São Paulo – SP – CEP 04044-060
Tel.: (11) 5594 5385
E-mail: barbara_ed@2me.com.br
www.barbaraeditora.com.br

Proibida a reprodução total ou parcial desta obra, de qualquer forma ou por qualquer meio eletrônico, mecânico, inclusive através de processos xerográficos, sem permissão expressa do editor (lei n° 5.988, de 14/12/73).

Este livro é dedicado a querida amiga
Maria Moraes de Oliveira

1
Os anos que passei entre paixões, ilusões e desejos...

Nasci em uma família humilde, numa cidade do interior do Rio de Janeiro, bem próxima da capital. Acho que você já ouviu falar, não? Talvez não. A gente sempre pensa que a nossa cidade é conhecida por todos, não só a cidade, mas todos os moradores dela... Doce ilusão!

Por falar em ilusão, posso dizer a essas alturas da minha vida, que a vida é feita mesmo de ilusão. Não, eu não queria que fosse assim. Queria que tudo acontecesse do jeito que planejo, tim-tim por tim-tim, sem tirar nem pôr. Simplesmente assim.

Ah, antes que me esqueça, meu nome é Ana Paula, tenho um metro e setenta, um corpo esculturalmente definido, pele morena, cabelos longos como os de uma índia.

Vou contar-lhe a minha história não para que você tenha pena de mim, mas para que possa aprender um pouco com ela, pois sei que toda mulher, a maioria pelo menos, viveu o que eu vivi e se perguntou: e agora, o que faço?

Tudo começou, quando estava prestes a completar os meus quinze anos e me tornei uma adolescente com as veias explodindo de hormônios.

Marcos da Silva, chamado pelos amigos de Marcão Batuca, era um daqueles moços que fazem com que toda mulher pare para observá-lo. A barba cerrada, o jeito de andar de malandro, um corpo

moreno e delgado, os cabelos pretos encaracolados. Quando o vi pela primeira vez algo incendiou-se no meu peito. Lembrei-me no mesmo instante daquela canção que dizia: "Me apaixono fácil quando sinto meu peito incendiar..."
Tenho quase absoluta certeza de que ele percebeu que me interessei por ele de imediato. Sorriu para mim, aproximou-se para se apresentar, eu me apresentei, trocamos algumas palavras e foi o suficiente para eu saber que aquele seria o homem certo para eu me casar, ter filhos, ser, enfim, o homem da minha vida.
Nosso primeiro encontro foi num bar onde às sextas-feiras um pessoal se reunia para tocar pagode. Nós mal conversamos, o volume do som não permitia. Depois de cantarmos junto com os pagodeiros, ele me tirou para dançar. Foi tudo de bom, como se diz na gíria, hoje em dia.
Voltei para casa, sentindo-me nas nuvens. Maravilhada. Ao chegar em casa, minha mãe ainda estava acordada, sentada na sala assistindo TV na companhia do meu irmão mais novo: Marcelo.
– Que horas são essas de chegar em casa, mocinha? – perguntou-me ela, olhando feio para mim.
– Horas, Dona Rosa?! – foi sempre costume meu chamar minha mãe por "Dona Rosa" como todos na vizinhança a chamavam.
– Sim, mocinha. Que horas são essas de chegar em casa?
– A Selma me convidou para ir até a casa dela para me mostrar um vestido novo que ela havia comprado. Queria ouvir a minha opinião. Aí, a dona Cilene, quis porque quis que eu jantasse com eles e...
Tive de mentir, minha mãe, muito tradicional e religiosa não aceitaria que sua filha de apenas catorze anos tivesse saído com um rapagão de vinte, para ir a um bar cheio de homens, rolando muita cerveja e pagode.
Para desviar o assunto, perguntei:
– O que vocês estão assistindo?
– O Globo Repórter – respondeu Marcelo.
– E a novela foi boa hoje?

– Foi ótima! – adiantou-se meu irmão, novamente.

– A pouca vergonha de sempre – corrigiu minha mãe. – Só ensinam o que não deve. Um horror. Deveria ser proibido passar algo do tipo...

Antes que mamãe se prolongasse nas suas rabugices, comentei:

– Se tivéssemos um vídeo-cassete daria para gravarmos a novela e assistir depois como muita gente faz.

– Vídeo-cassete, Ana Paula, é coisa pra rico! – redarguiu, mamãe. – É luxo só pra rico!

– Mas eu ainda vou ter um.

– Do jeito que o dinheiro anda curto por aqui...

– Um dia a gente melhora, Dona Rosa. A senhora vai ver...

– É melhor ficar como está, Ana Paula. Dinheiro demais só serve para atrair inveja, ladrão e infelicidade.

Mamãe, a meu ver, estava impossível naquela noite. Para piorar, Marcelo refez a pergunta que eu e meus dois irmãos chamávamos de "indevida".

– E o pai, mãe?

– O que tem seu pai, Marcelo? – exaltou-se mamãe.

– Nunca mais soube dele?

– Não e nem quero saber. Para mim seu pai está morto, entendeu? Morto.

Mamãe se transformava quando um de nós perguntávamos dele. Só hoje, depois de muitos anos é que compreendo muito bem por quê.

Mamãe foi uma mulher, mais uma dentre tantas, que nunca se ressentia do temperamento explosivo do marido, nunca se agarrava à sua própria opinião, nunca tentava impor uma conduta própria. Sacrificava, o tempo todo, suas vontades para satisfazer as dele. Em resumo: anulava-se totalmente diante dele. Por ele.

Só que quanto mais ela se sacrificava menos ele lhe dava valor, mais e mais a ignorava e era ríspido com ela. Seu

9

comportamento a deixava tiririca, pois não conseguia entender como alguém que tanto lhe fazia bem podia ser tratada com tanto descaso.

Ela, Dona Rosa, quisera ser a mulher ideal para o marido, para ajudá-lo a enfrentar os períodos negros da vida, mas ele não reconhecia sua dedicação e grandeza.

Ela ficava sentada em silêncio, apertando os dentes, tentando não falar nada, porque sabia, por amarga experiência, que, quando falava qualquer coisa, o marido piorava seu mau humor imediatamente. O jeito era aguentar calada, aguentar e aguentar... Todavia, mesmo aguentando calada, ele explodia. Muitas vezes sem o menor motivo. E ela sempre se assustava, pois nunca sabia quando aqueles rompantes iam acontecer da mesma forma que os achava um exagero, um auê desnecessário.

Para comigo e meus dois irmãos papai não foi muito diferente não. Andava sempre impaciente demais para nos ouvir e apreciar nossas meninices e por isso, mamãe acabava exercendo o papel de mãe e pai para nós.

O casamento dos dois chegou ao fim no dia em que mamãe pôs para fora, finalmente, aquilo que há muito estava entalado na sua garganta:

– Você jurou na frente do padre que viveria ao meu lado na alegria e na tristeza, na saúde e na doença... Você jurou diante de Deus!

Papai, com a maior naturalidade do mundo, respondeu, sem pesar algum:

– Se jurei, jurei em falso.

Sua resposta foi chocante demais para Dona Rosa. Jamais pensou que o homem por quem se apaixonara e jurara viver na alegria e na tristeza, na saúde e na doença, amando e respeitando, diante de Deus, pudesse lhe dizer aquilo. Algo que a feriu profundamente.

Mamãe, trêmula, tentou demonstrar em palavras a sua indignação, mas papai levantou-se do sofá e disse com voz calma:

– Vou até o bar da esquina comprar um maço de cigarro, volto já.
  Assim que ele passou pela porta fechando-a atrás de si, mamãe levantou-se e dirigiu-se até lá. Abriu-a novamente e espiou pela fresta o marido seguindo para a rua. Acompanhou-o com o olhar até perdê-lo de vista. Foi a última vez que o viu. As horas passaram, ela adormeceu, só se deu conta de que ele não havia voltado para casa, no dia seguinte. Saiu às ruas a sua procura, mas ninguém o havia visto. Ele parecia ter-se evaporado na noite. Chamou a polícia para dar parte do seu desaparecimento. Só, então, lembrou-se de ligar para a sogra, foi ela mesma quem atendeu:
  – Pois, não?
  – Dona Eduarda, sou eu, Rosa. É sobre o Pedro Henrique. Bem, ele...
  A mulher interpelou suas palavras sem nenhum tato:
  – O Pedro não desapareceu, sua tola.
  – Não?!
  – Não. Ele foi embora.
  – Ele o quê?
  – É isso mesmo que você ouviu.
  – Embora? Como?! Para onde? Por quê?
  – Porque se cansou de você.
  – Mas e quanto às crianças?
  – Foi você quem as quis, não ele. Disso ele nunca fez segredo.
  Aquilo era a mais pura verdade, papai sempre fizera questão de jogar aquilo na cara de minha mãe. E o fazia na nossa frente.
  – Para onde ele foi? – continuou mamãe, já em pânico.
  – Foi embora para o exterior para nunca mais voltar.
  – Não pode ser... Ele não pode ter me abandonado com três crianças para criar. Ele não pode ser tão insensível. Tão sem coração.
  – Só lhe peço uma coisa, Rosa. – interrompeu minha avó paterna. – Não me ligue mais para me aborrecer com esse assunto.
  Sem mais delongas, a mulher pôs o fone no gancho.

11

– Dona Eduarda? Dona Eduarda... – chamou Dona Rosa erguendo a voz.

Ainda me lembro como se fosse hoje, quando corri para a sala e diante da voz estridente e desesperada da minha mãe, perguntei:
– Mamãe, o que foi?

Por mais que tentasse, ela não conseguia falar.
– Mamãe, por favor – insisti, querendo chorar.

Nisso Marcelo e Décio, meus irmãos, juntaram-se a nós.
– O pai de vocês... – ela tentou dizer, sentando-se na pontinha do sofá e escorrendo a mão pelo rosto.
– Papai?! O que tem ele? – agitou-se Décio, meu irmão mais velho.
– Ele... foi embora.
– Embora?! Para onde?! Por quê?
– Por minha causa.
– O que a senhora fez?
– Eu só... – a voz de minha mãe parecia que iria se partir tal como sua pessoa – eu só quis ser uma esposa de quem ele tivesse muito gosto de ter ao seu lado.

Na verdade, compreendo hoje, mamãe fez o que a maioria das mulheres faz, a maior estupidez: amou demais, entregou-se demais, foi submissa demais, calou-se demais. Mas isso ela, como muitas mulheres que passaram o que ela passou, não tinha condições de saber, por isso deu no que deu.

Para mamãe, seu marido havia ido embora de sua vida que se tornara uma desgraça por não estarmos nos dedicando devidamente a nossa religião. A seu ver, foi um castigo de Deus pelo nosso descaso. Como se Deus castigasse alguém...

Mamãe precisava de um apoio diante da partida do papai. E foi na igreja que ela encontrou. Dedicando-lhe boa parte do seu tempo, ela conseguiu encontrar amparo para continuar sua vida somente tendo ao seu lado a mim e meus dois irmãos.

Houve outro choque tão forte quanto a descoberta de que papai havia partido para sempre. Ao consultar sua poupança, descobriu que ele havia levado consigo todo o seu dinheiro e vendido todas as poucas joias que lhe foram deixadas de herança por sua avó. Mamãe ficou literalmente na miséria, sem contar as dívidas que ele deixou e que agora cabia a ela pagar.

Eu decidi, desde então, fazer de tudo para agradar minha mãe. Por achá-la uma heroína, por ter enfrentado tudo o que enfrentou sobriamente. Muitas enlouquecem.

Meus irmãos também queriam o mesmo. Bem, pelo menos eu e o Décio queríamos ser, indiscutivelmente, os melhores filhos que uma mãe pode ter, enchê-la de orgulho por nos tornarmos na sociedade pessoas educadas, formadas, honestas e trabalhadoras.

Apesar de fazer sinais para o Marcelo mudar de assunto, ele fingiu não me ver. Parecia sentir prazer em torturar nossa mãe com as tristezas do passado.

– A senhora acha mesmo que o papai está na Europa?
– Pouco me importa onde ele esteja, Marcelo! – respondeu minha mãe, rispidamente. – Para mim seu pai morreu no dia em que atravessou aquela porta, dizendo que ia comprar cigarro e nunca mais voltou. No dia em que nos deixou com uma mão na frente e a outra atrás. Cheios de dívidas e na mão daqueles agiotas infernais. Foi um desastre. Fui tão humilhada pelas pessoas, filho. Você não sabe o quanto foi difícil para mim seguir em frente.

– O Bruno diz que a vovó Eduarda tem o endereço do papai no exterior.

– Marcelo, você tinha cinco anos quando seu pai sumiu. Se ele se importasse com você, filho dele, ele já teria entrado em contato com você há muito tempo.

– Talvez ele não possa. Esteja doente e sem dinheiro.

– Esqueça seu pai, Marcelo e todo o desgosto que ele nos deu, por favor. Será melhor assim.

Tornei a fazer sinal para o Marcelo mudar de assunto. Dessa vez ele se calou.

Fui para a cama, aquela noite, a princípio repassando mentalmente a triste história de minha mãe. Inconsolada, mais uma vez, por perceber que papai desaparecera há anos e nunca mais ligou nem para saber de nós que éramos seus filhos.

    Mamãe tinha razão quando aconselhou Marcelo: "Esqueça seu pai, Marcelo e todo o desgosto que ele nos deu, por favor. Será melhor assim."

    Seu conselho não era novo, ela já nos dera, eu e Décio, pelo menos, o havíamos seguido à risca. Ainda assim, batia de vez em quando uma curiosidade de saber onde papai estava, que fim levou, que destino deu para a sua vida longe de nós. Acho que somente vovó Eduarda tinha notícias dele, mas como havíamos perdido o contato desde que ele desaparecera eu nunca viria a saber o que muito ansiava.

    Como de hábito, fiquei na cama pensando no Marcão. Certa de que ele era, sem sombra de dúvidas, o meu príncipe encantado.

    É lógico que eu pensava assim por ter crescido assistindo aos filmes produzidos por Walt Disney. Quem não cresceu?

    Quando a minha professora de inglês do colégio estadual em que eu estudara traduziu para a classe a canção do filme da Branca de Neve, a qual dizia mais ou mesmo assim: "Um dia meu príncipe virá, e será um momento lindo..." acreditei realmente que um dia o meu príncipe viria.

    Nem sei como pude acreditar, afinal, nem existem mais príncipes, só na Inglaterra e, bem, percebo agora que seria pouco provável ele vir ao Brasil, a cavalo e parar em frente ao portão da humilde casa em que vivíamos e me estender os braços e me levar para um palácio encantado, daqueles que só existem nos contos de fadas, e, talvez, na Inglaterra.

    Mas acreditei, não só que existisse, mas que na minha vida tudo seria perfeito como eu sempre sonhei. Ou melhor, muito além dos meus sonhos. Na verdade, eu, como toda garota, queria mesmo era viver um conto de fadas. É pedir muito à vida? Acho que não... Só que acho que a vida não me ouviu direito. Também nem pedi em voz alta, meu ideal ficou flutuando feito pipa apenas na minha cabeça.

2
O que só a alma pode compreender

Selma era uma moça de um, dois anos mais do que eu. Caímos na mesma classe porque ela entrou um ano atrasada na escola e repetiu um. Os cabelos compridos, de uma cor indefinida escorriam-lhe pelos ombros. Os olhos, em tons de cinza, eram grandes e não exprimiam coisa alguma. Vestia o que eram as roupas de sua geração: botas altas de couro preto, meias brancas de lã, não muito limpas, uma mínima saia e um suéter grosso e grande demais para ela. Recebeu-me com grande alegria e demonstrou profunda curiosidade por me ver ali, àquela hora.

– Ana Paula, você, aqui?! Que surpresa boa!
– Selma... Selma... Selma... – murmurei, empolgada.
– Fala logo, menina! O que houve? Nunca a vi assim tão ansiosa para me contar alguma coisa.
– Eu, amiga... estou apaixonada.
– Jura?! Por quem?!
– O nome dele é Marcos. Marcão é o apelido. Marcão Batuca.
– Quando começou?
– Há menos de um mês.
– Uau! Conte-me tudo, não me esconda nada.

Após relatar minha pequena história com o Marcão, Selma quis saber:
– O que você sente exatamente?

– Ai, eu nem sei dizer ao certo... Sinto meu peito incendiar. Quando ele tocou a minha mão pela primeira vez, provocou-me um arrepio, mas um arrepio gostoso, como um frescor no peito.
– E o beijo? Vocês já se beijaram, não?
– Sim. Umas dez, vinte vezes. Já perdi a conta.
– E foi bom?
– Se foi bom?! Foi ótimo!
– Vocês não...
– É lógico que, não. *Magina*... eu jamais faria isso. Só depois de casada... Não sou boba, minha amiga. Não mesmo. Além do mais isso decepcionaria muito a minha mãe.
– Dona Rosa?
– Ela mesma. E o que eu menos quero na vida é decepcioná-la. Você sabe o orgulho que eu e meus irmãos sentimos dela, não?
Selma assentiu e quis logo saber:
– O que ele faz da vida?
– É pedreiro. Não disse que o conheci numa obra?
– Ah, é verdade. Só pensei que ele estivesse lá por outro motivo. Por ser o engenheiro da obra, o arquiteto, sei lá...
Houve uma breve pausa, enquanto eu suspirava de alegria e Selma refletia com seus botões. Então ela dividiu comigo os seus pensamentos:
– Não acha que merece um cara melhor?
– Não me importa que ele seja um pedreiro, tão pobre quanto eu, ou até mais. O que me importa é que ele me ama e eu o amo e... O que mais a gente pode querer da vida?
Selma, acho que feliz por mim, assentiu.

No decorrer dos meus encontros com o Marcão, meu peito parecia se incendiar mais e mais até não dar mais. Havia um desejo crescente de me ver envolta nos seus braços musculosos, peludos, apertando-me, beijando-me, levando-me ao céu.

Na vez em que ele me levou para conhecer sua casa, um barraco, propriamente dito, construído ao pé dos morros não muito longe dos que cercavam a minha cidade, Marcão teve uma conversa bastante séria comigo:

– Não dá mais para me segurar, Ana Paula. Quando fico perto de você, eu fico louco de desejo. É difícil para um homem se segurar diante do desejo.

– Você alguma vez?...

A resposta dele foi tão imediata que me espantei.

– Não. Nunca. Sempre quis viver esse momento com a garota certa e você é a garota certa. Disso não tenho dúvidas. Pois como diz o ditado: o coração jamais se engana.

"O coração jamais se engana...", murmurei para mim mesma. É verdade, crescera ouvindo aquilo sem saber ao certo se era verdade, mas agora sabia que era a mais pura verdade.

Marcão interrompeu meus pensamentos ao me enlaçar novamente com seus braços fortes e me beijar o rosto, depois o queixo, fazer meu coração explodir de paixão e calor.

– Você me quer como eu a quero? – sussurrou ele em meu ouvido.

Tive de ser sincera:

– Sim, é lógico que sim, Marcão. Você é tudo que eu sonhei para mim, é mais do que isso, é um sonho lindo que se tornou realidade.

– Você tem medo?

– Medo?! De quê?

– De se entregar para mim? Da primeira vez? É a sua primeira vez, não é?

– Será.

– Tem medo ou não?

Consultei outra vez meu coração para dar-lhe uma resposta precisa:

17

– Não, Marcão, não tenho. Se havia algum medo, esse medo ao seu lado evaporou.
– Que bom, meu amor... Que bom...
– Só acho que deveríamos usar um preservativo, não?
– Sim, se não fôssemos virgens. Como somos...
Levei alguns segundos para entender o real significado de suas palavras.
– Compreendeu o porquê?
– Agora, sim. Confesso que demorei um pouco para... Por favor, não me ache burrinha.
– Que é isso, meu amor. De burrinha você não tem nada e é isso o que eu mais admiro na sua pessoa. Sempre quis me envolver com uma garota inteligente.
– Inteligente eu?! Ah, Marcão faça-me o favor. Minha maior média na escola é 5 ou "C" como queira. Não há um ano que eu não passe sem recuperação e passo porque se tornou proibido reprovar um aluno.
– A gente é mesmo meio burrinho para matemática, ciências, física, química, português, inglês etc... Acho que todo mundo é, um pouco. Por outro lado somos inteligentes para outras coisas, coisas que realmente importam na vida.
– Você é esperto.
– Ah, isso eu sou mesmo. Sem modéstia alguma.
Achei graça do seu jeito de falar e ele após me beijar novamente, num tom diferente perguntou:
– E então, vamos aos *finalmente* ou não?
Sua pergunta soou aos meus ouvidos impaciente e fria.
– Isso é jeito de falar comigo?
– Só tava brincando com você, Ana Paula. Não precisa ficar marrenta por causa disso. É que eu estou louco, louco de desejo por você. Enquanto não te tiver nos meus braços, tornar você mulher, uma mulher feliz, não vou sossegar.

Antes que eu dissesse mais alguma coisa ele me deitou sobre a cama de seu quarto e começou a me beijar freneticamente. O prazer que percorria agora todo o meu corpo deixou-me sem forças para reagir, sequer falar. Eu estava dominada, completamente dominada por aquele rapaz moreno, lindo de quase um metro e noventa que me amava e parecia ter o dom de adivinhar os mandamentos do meu coração.

Eu me entreguei a ele por inteiro, querendo fazer daquele nosso encontro o mais inesquecível de todos que já vivêramos e ainda haveríamos de viver. Ele me fez mulher e eu fiquei feliz e realizada por ser ele, o cara da minha vida a me propiciar tal momento tão importante.

Três semanas depois...
Comecei a me sentir enjoada, um mal-estar estranho, jamais sentido antes. Levou tempo para que eu cogitasse a hipótese de estar grávida. Confesso que a possibilidade me assustou um bocado. Primeiro, porque minha mãe não me perdoaria por ter engravidado de um moço que eu mal conhecia, segundo, por ter ficado grávida antes do casamento, sendo ela uma mulher extremamente religiosa, a gravidez seria vista como um pecado. Ela certamente nunca mais me olharia nos olhos como antes e essa possibilidade me deixou extremamente apreensiva porque amava minha mãe, ela era tudo para mim, e o que jamais quis um dia na vida, como já frisei, era decepcioná-la.

Havia também o medo de como o Marcão iria reagir à notícia. Ficaria feliz ou apreensivo como eu? Seria pego de surpresa, sem dúvida, mas, talvez, por me amar tanto como demonstrava, acabasse adorando a novidade e resolvendo se casar comigo de livre e espontânea vontade.

Sem gastar mais tempo me atendo a conjecturas, fui consultar um médico no posto de saúde perto da minha casa. Ele me olhou espantado quando lhe disse:

19

– Doutor, ando enjoada nos últimos dias... Estou começando achar que estou grávida.

Ele não disse, mas estou certa de que pensou: "Você, tão jovem, grávida?!"

E estava mesmo!

O meu próximo passo foi procurar o pai da criança. O cara da minha vida. Há três semanas que não nos víamos. Desde que fizéramos amor.

Cheguei à construção onde ele estava trabalhando e perguntei por ele. Um de seus colegas de trabalho me levou até ele. Por onde passava, todos ali me olhavam descaradamente, explorando meu corpo com os olhos, maliciando com a mente.

– Marcão – disse eu, sem esconder a ansiedade.

Quando os olhos dele se encontraram com os meus, um sorriso iluminou a sua face.

– Que surpresa agradável, você aqui, Ana Paula!

Retribuí o sorriso e me apressei em dizer por que estava ali.

– Vim até aqui porque tenho algo muito importante para lhe dizer. Não conseguiria esperar até que tivéssemos uma oportunidade de nos encontrarmos novamente.

Ele me enlaçou e me deu um beijo na altura do pescoço bem próximo da orelha.

– Hum... tá cheirosa... sou amarradão nesse perfume.

Achei melhor dizer ao que vinha, sem rodeios.

– Marcão, eu *tô* grávida.

Ele pareceu não me ouvir, continuou me apertando contra o seu peito e me beijando a nuca. Era mais uma lambida do que um beijo propriamente dito.

– Marcão! Você não me ouviu? Estou grávida. Acabo de vir do médico e...

Ele finalmente recuou o rosto e fixou os olhos nos meus. Sua resposta me surpreendeu:

– E isso é problema?

– Não?!
– É lógico que, não. Juro que fiquei aliviada, jamais pensei que ele aceitasse a gravidez tão prontamente.
– Quer dizer que você não está aborrecido com o fato de eu ter...
– Pegado barriga?! – ele riu. – Acontece! É tão comum...
– Estou surpresa com a sua reação. Pensei, juro que pensei que você fosse ficar uma fera por isso. Ao menos é o que acontece com a maioria dos homens, pelo menos é o que eu ouço falar.
– Relaxa.
– Estou tão preocupada com a minha mãe. Com o que ela vai pensar disso. Mas estou certa de que ela vai aceitar numa boa já que você está disposto a assumir a criança, casar...

Marcão afastou o corpo de uma forma abrupta enquanto seu rosto franzia por inteiro.
– Aceitar?! Casar?! Epa! Péra aí, garota, acho que você está embaralhando o meio de campo.
– Mas você não pretende se casar comigo? É o que todo casal faz quando pinta uma gravidez inesperada como essa.
– Isso acontecia no tempo da sua avó, tataravó e olhe lá. Hoje os tempos são outros, graças ao bom Deus. Quando disse que não havia problema em você ter ficado grávida, que é muito natural isso acontecer, disse porque isso acontece com a maioria dos meus amigos e aborto é algo que se faz hoje em dia em qualquer esquina.

Minhas pernas bambearam diante daquelas palavras.
– Você está querendo que eu faça um aborto?
– Eu não estou querendo nada, a barriga é sua, você faz o que você quiser. Apenas acho mais fácil... Já aconteceu isso com outras garotas com quem me envolvi e elas acharam melhor resolver dessa forma.
– Outras garotas?! Que outras garotas? Você disse que eu era a primeira.

Ele riu, descarado.

– Você acreditou *memo* naquilo?! Disse o que disse só para fazer um clima, sabe como é... Só para...

– Você só pode estar brincando comigo. E agora o que faço da minha vida? Não tenho um centavo para nada. Dependo inteiramente da minha mãe. Se eu pedir dinheiro a ela para fazer um aborto, é capaz de ela me expulsar de casa. Além do mais...

– Não conte comigo para te arranjar dinheiro. *Tô a zero! Zeradinho.* Se eu fosse pagar por todo aborto que as *mina* que se *deita* comigo fosse fazer, eu tava fuzilado.

– Marcão, você só pode estar brincando comigo. Você não era assim, nunca foi.

– *Qualé* Ana Paula?! Eu sempre fui assim.

– Não, não era não. Você sempre foi um cara direito, que me dizia coisas bonitas, românticas, fazia promessas de amor...

– Esse é o cara que você criou nessa sua cabecinha de vento. Eu, Marcão sou esse aqui que está na sua frente e que não pretende se casar com garota alguma por um longo tempo. Talvez na velhice só para ter alguém para cuidar de mim. Agora chega de drama, vai pra sua casa que eu tenho mais é que trabalhar. E, por favor, me esquece, tá? O que rolou entre a gente não passou de mais uma aventura para mim. Já tô noutra.

Segurei-me para não chorar.

– É isso *merrmo* que você ouviu! – enfatizou ele. – Tô noutra. Se ainda tivesse na tua te procurava, o que não faço desde que você virou, digamos assim, página virada.

Ele riu, malicioso.

Nem bem dei-lhe as costas, um colega dele de trabalho aproximou-se e lhe disse:

– Essa aí é bem gostosinha, hein, Marcão?

– As *mina* são tudo igual, *mano*. Bastou um beijinho, já tão caidinha por nós. Bastou um aperto de mão, um "chega mais" já querem casar. Acham que são dona de *nóis*. Eu é que não sou besta, malandro. Não quero enrosco pro meu lado.

– Grande novidade tudo isso que *cê* tá me dizendo, *mano*. O dia que eu ou você, *véio,* conhecer uma mulher que não seja pegajosa eu ganho na loto.

– Acho que é mais fácil ganhar na loteria do que encontrar uma mulher assim, *mano.* Se essa Ana Paula vier pra cima de mim outra vez eu *vaso.* Ainda mais com aquele papo de que tá com barriga... Ela que se precavesse, não é memo? Não se precaveu agora quer que eu aqui pague o pato? Facinho *memo.*

– A Patrícia outro dia veio pra cima de mim com esse papo de barriga, que precisava de dinheiro para fazer aborto. Eu *vazei* na *mema* hora, mano. O dinheiro que eu ganho no trampo mal dá pra pagar as minha *cerva* no fim de semana, eu é que num fico sem elas, *tá ligado?*

– Tô *ligadão, véio. Ligadão.*

Estava tão chocada com tudo que havia acabado de acontecer que nem percebi como cheguei à calçada. Só sei que atravessei a rua sem sequer olhar para os lados. Um carro por pouco não me atropelou em cheio. Nem mesmo buzinando forte e repetidas vezes fez com que eu prestasse atenção ao que se passava a minha volta.
"O coração não se engana...", repetia eu infinitamente em minha cabeça. "Não se engana, não. Sempre ouvi dizer isso desde que era uma menininha. Isso, pelo menos, tinha de ser verdade."

Só havia uma pessoa para me ajudar diante de tudo aquilo, acreditei. Minha amiga Selma. Por isso decidi ir direto para a casa dela.

No ponto, enquanto aguardava o ônibus passar, voltei a olhar para a casa em construção em que Marcão estava trabalhando. Pude ver claramente ele fazendo seu serviço ao lado do amigo, falava e ria como se nada tivesse acontecido entre nós dois.

E de fato, percebia eu, agora, para ele nada do que houvera tinha importância. Ele certamente nem sequer perderia o sono por aquilo. Seria mesmo ele tão insensível como aparentava ser? Não podia. Ele me amava, jurou-me amor eterno. Fizera amor comigo e, só permiti, porque ele jurou estar apaixonado por mim. Não podia ter mentido tão deslavadamente... fingido ser quem não era só para me levar para a cama..."

Já ouvira alguém dizer que as mulheres, especialmente as jovens, encantam-se mais pelos rapazes que não valem nada do que por aqueles que podem lhe dar um futuro próspero e cheio de amor, mas essa também estava sendo uma nova descoberta para mim.

Acontece que a beleza externa sempre nos prende mais a atenção do que a beleza interna das pessoas. Faz com que uma garota se esqueça de levar em conta o que esse rapaz pensa. Quais são seus valores. Aí está o nosso maior deslize. É preciso olhar para além das aparências, jamais julgar alguém por sua aparência da mesma forma que não se deve julgar um livro somente pela capa.

3
Serei feliz enquanto vida tiver...

Selma me recebeu, como sempre, com grande alegria e demonstrou profunda curiosidade por me ver ali, àquela hora.
– Ana Paula, você, aqui?! Que surpresa boa!
– Olá, Selma – disse eu, um tanto sem graça. – Será que você tem um minutinho para mim?
– Até dois – brincou ela, dando passagem para eu entrar.
Ao ver que seu irmão e sua irmã mais nova estavam na sala assistindo TV, pedi, encarecidamente:
– Será que podemos conversar num lugar mais sossegado?
Os olhos grandes de Selma deram sinais de surpresa. Com a voz um tanto diferente ela respondeu:
– Claro que sim, amiga. Pode ser no meu quarto?
Respondi que sim e a segui pelo corredor.
– Aconteceu alguma coisa? Você me parece nervosa...
Assim que me tranquei no quarto da Selma, perguntei a ela:
– Você acha que o coração se engana?
– O coração? Do que você está falando?
– Do nosso coração. Do coração de cada um de nós. Especialmente da mulher? Você acha que ele é capaz de se enganar?
– Ana Paula o que deu em você? Que papo é esse?
– Responda-me. Você acha que uma mulher pode se apaixonar por um cara e, de repente, ser o maior engano da sua vida?

– Repito a pergunta: O que deu em você?
– Eu sempre ouvi dizer que o coração jamais se engana. Que devemos sempre seguir o que ele diz. Que ele sabe o que é melhor para nós.
– Eu acredito que isso seja verdade. As canções, as mais belas falam disso.
– Obrigada. Pensei que estava louca... Que havia dado crédito ao meu coração e ele não passa de um insensato coração.
– Por que você está me falando tudo isso? Você estava uma *pilha* quando chegou aqui... Afinal, o que aconteceu?
– É que eu acabei de ter um encontro com o Marcão e ele, bem, me pareceu tão frio, tão distante... disse a ele que pensei estar grávida...
– Grávida?! Quer dizer que você e ele...
– Foi o desejo, Selma. Ele foi mais forte do que eu. Do que a minha moral e meus bons costumes.
– E você não se precaveu?
– Eu...
– Mas, afinal, você está mesmo grávida?!
– Não! É lógico que não. Mas pensei que estava, foi alarme falso, sabe como é. Só que, bem, ao dizer que estava grávida para ele, me aconselhou a abortar a criança, disse que não está pensando em se amarrar com uma garota tão cedo.
– Você disse que ele estava apaixonado por você!
– Ele me disse que estava! E ainda acho que está. Meu coração diz que ele está. Foi isso que me deu certeza de que seria ótimo me entregar para ele.

Fomos interrompidas pela entrada da Mônica, irmã mais velha da Selma. Ao nos ver, sorriu e se desculpou por ter entrado sem bater à porta. Após os cumprimentos, Selma pediu a opinião à irmã, por ser mais velha, deveria saber mais sobre a vida do que nós duas.

– Vocês querem saber se o coração se engana? – começou ela, rindo, gostoso, a seguir. – É lógico que, sim.

– Não pode ser – revidei. – Sempre ouvi dizer que...

Mônica terminou a frase por mim:

–... que o coração jamais se engana?! Pois quem disse isso se enganou redondamente. Meninas, meninas, meninas... Quantos romances vocês já não ouviram falar que acabou de uma hora para outra? Aposto que milhares. Nós lemos em uma revista que um ator ou uma atriz estão perdidamente apaixonados e meses depois, ou poucos anos depois, recebemos a notícia de que se separaram. Às vezes, a separação torna-se um caos, por isso vira manchete nas revistas e jornais.

Nós, mulheres, quando jovens, quando nos encantamos por um rapaz, a gente se encanta realmente... e quando ele nos dá trela estamos dispostas a amá-lo para o resto das nossas vidas. Algumas conseguem isso, outras não. A maioria, não. Para muitas o primeiro amor, é uma grande decepção. Deixa marcas, cicatrizes profundas para o resto de nossas vidas.

Em outras palavras, garotas, o coração se engana, sim. E não só com relação ao amor; é com relação a muita coisa na vida. Mas não quer dizer que a gente não deva mais acreditar no coração quando ele palpita de paixão por um rapaz, um homem. Ainda mais quando ele nos dá um *feedback* positivo. Devemos investir nesse amor, mas sem criar ilusões, expectativas que jamais poderão ser preenchidas. Lembrar sempre o que diz a letra daquela canção: "lembrar que o pra sempre, sempre acaba!".

– Poxa, eu não gostaria que a vida fosse assim – opinei, decepcionada.

– A vida é assim! – enfatizou Mônica. – E quem não aceita a vida como ela é, sofre muito.

– Estou assustada.

Tremi.

– Você se decepcionou com um rapaz, não foi? Não se sinta a única. Noventa por cento das mulheres passam o que você passou. Ainda mais na juventude. E isso acontece porque não temos

27

experiência e acredito que aconteça para que tenhamos experiência. Entende?

"Entender?", não, eu não entendia nada... Não estava mais pensando direito... A decepção estava acabando comigo.

No ônibus de volta para casa minha cabeça doía muito. Nunca tivera uma dor de cabeça como aquela. Por mais que tentasse, eu não conseguia acreditar que o Marcão dissera aquilo tudo para mim. Não, mesmo. Doía em mim como um corte na pele.

Nem sei como cheguei à cama, aquela noite. Só sei que dormi de roupa e tudo. Nem mesmo tirei os sapatos.

Nova tentativa

Acordei, pensando na reação que o Marcão teve, ao ouvir que eu estava grávida. Depois de muito pensar, cheguei à conclusão de que ele reagira daquela forma por não estar num dos seus melhores dias. Ninguém fica de bem com a vida, trabalhando numa construção com aquele sol de quase quarenta graus sobre a cabeça. Um sol desses deve cozinhar os miolos, por isso ele havia reagido daquela forma à notícia. O melhor a se fazer, concluí, era procurá-lo novamente, dessa vez num local mais conveniente para falarmos do assunto.

Dessa vez me arrumei com mais esmero. Vesti um costume escuro bem cortado, com uma saia na altura do joelho, uma blusa de sarja branca e meus sapatos reservados para ocasiões especiais: ir à missa, aniversários e casamentos. Penteei o cabelo para trás e caprichei na pintura para tornar meu rosto mais atraente.

Na construção onde o Marcão estava trabalhando...

– A garota, taí – informou o colega de trabalho mais chegado ao Marcão.

– Qual delas? – perguntou ele com o cigarro preso entre os lábios.

– A gostosinha. – respondeu um outro num tom malicioso.

– E eu por acaso saio com baranga? – respondeu o Marcão, engrossando a voz, fazendo os demais rirem.

Ao me ver, a expressão no seu rosto se converteu numa máscara de ódio.
— Ih!... Você aqui, de novo?! Veio me amolar outra vez, é? Ichê! Que mala sem alça!
— Eu pensei que...
— Ih, mulher pensa demais...
— Pensei que ficaria...
Ele, após uma tragada, terminou a frase por mim:
— Feliz por te ver?
O tom era de deboche.
— Qual é, garota? Vai procurar a sua turma, vai. Larga do meu pé, chulé! Até parece carrapato. Eu tenho mais o que fazer.
— Quer dizer que...
— Quer dizer o quê?! Qual parte você ainda não entendeu? A de que o que rolou entre *nóis* não *passô* de uma aventura ou a parte que eu *tô* noutra? Fala!
Perdi a voz. Comecei a tremer e quase chorar.
— Vaza daqui, garota. E não me procure mais, a não ser que seja para...
Ele riu, arreganhando a gengiva. Nunca um riso me assustara tanto e me causara tanto nojo.
Deixei a construção, me sentindo ainda mais arrasada do que no outro dia.
Para onde se vai depois que o destino que você traçou evaporou-se à luz do luar? Para onde se vai depois de ter acreditado que o coração jamais se engana e descobrir, a duras penas, que se engana, sim, e redondamente? Em que e em quem acreditar após adquirir o vírus da desconfiança eterna? Como acreditar num outro cara depois que um outro, apaixonante, que lhe dizia coisas apaixonantes, que lhe fazia promessas de amor, só deixou dúvidas e dúvidas de amor?
Dizem que o coração não se engana, se engana, sim. E muito. E percebo agora que não foi só o meu que se enganou, o de muitas

amigas também. De primas, tias, o das mães de minhas amigas, não sei como levei tanto tempo para perceber que o coração se engana, sim. Que um coração inexperiente de uma mulher é alvo fácil para as lábias de um homem sedutor cujo interesse é desvirginar a pureza e a ingenuidade delas que vivem cheias de sonhos de amor, crente de que o primeiro amor será o mais sincero e eterno.

"E agora? O que faço?", essa era a pergunta que não queria calar dentro de mim. Eu alisava a minha barriga, enquanto eu pensava no quanto fiquei feliz ao saber que estava grávida de um cara que eu amava. Que mesmo apesar de todas as barbaridades que ele me falou, eu ainda o amava. E não era porque a minha religião é contra o aborto que eu restava decidida a não abortar, mas por saber que o filho que crescia dentro de mim era fruto de algo que, pelo menos para mim, fora feito com muito amor. Um amor puro e sincero.

— Eu vou ter você, meu bebê. — falei, decidida, logo após organizar as minhas ideias. — Não se preocupe. Só não quero que saibam da sua existência até que esteja pronto para nascer.

Sim. Escondi a minha gravidez de todos. Até mesmo de Selma, minha melhor amiga e confidente. Não queria ser julgada, tampouco envergonhar minha mãe. Quando não houvesse mais jeito de esconder, aí, então, que Deus me amparasse nessa hora.

4
Esperando uma chance...

No dia seguinte, acordei decidida a arranjar um emprego. Era preciso, para poder sustentar a criança que em breve viria ao mundo e era de minha total responsabilidade. Não era, definitivamente, uma daquelas filhas que acham que cabe a seus pais assumir financeiramente sua criança. Não, mesmo! Nesse ponto, eu tinha a consciência de que a criança que crescia na minha barriga era de minha total responsabilidade. Nada de querer jogar as minhas responsabilidades para a minha mãe, no meu caso, que mal ganhava para sustentar a todos nós.
 Lembrei-me, então, do conselho que todas as religiões dão aos seus fiéis. "Quando estiver com um problema e não souber o que fazer, pense em Deus, entregue nas mãos dEle que tudo se resolverá."
 "Lembre-se: por pior Tem e-mail?que pareça o momento, nunca esqueça que Deus é o nosso pai e, que, nunca, jamais nos abandona. Nunca duvide de Sua bondade e que Ele está a seu lado em todos os momentos de sua vida. Criador de tudo e de todos. Sabe tudo e permite que o ser humano evolua sempre para o bem.
 Lembre-se também que somente colaborando com a vida é que podemos ter uma vida melhor. Acertar."
 Eu frequentava a igreja todo domingo, mas não rezava há tempos. Não que fosse descrente, mas perdera o hábito. Que Deus atendesse as minhas preces, mesmo eu não sendo tão devota.

Respirei fundo e pedi a Deus que iluminasse o meu caminho. Acendesse uma luz no fim do túnel escuro e estreito, pelo qual passava. Que direcionasse meus pensamentos e ações. Que me guiasse até alguém que aceitasse dar um emprego para uma pessoa inexperiente como eu.

Na minha próxima consulta médica, enquanto aguardava na sala de espera, tive a oportunidade de conhecer uma moça que veio a se tornar muito importante em minha vida.
– Para quando é o seu?
– Para daqui a seis meses.
– O meu é para daqui a um mês, um mês e meio.
Sorri.
– Desculpe a pergunta, mas quantos anos você tem? Você me parece tão menina.
– Tenho apenas quinze anos. Completei há um mês.
– É mesmo uma menina. A propósito, meu nome é Vera.
– O meu, Ana Paula.
– Prazer.
Houve uma breve pausa até que eu me abrisse com Vera. Não sei por que mas ela me inspirou a fazê-lo:
– Sou mãe solteira, sabe?
Não foi preciso olhar para ela para saber que a revelação a chocou.
– Não deve estar sendo fácil para você, hein? – disse-me ela, olhando-me com preocupação.
– Não, mesmo. Mas como diz o ditado: "Sou brasileira, não desisto nunca!"
– É assim que se fala, Ana Paula. Assim que se fala. Vou torcer por você.
A conversa não foi além disso, pois naquele instante fui chamada pela secretária para ser atendida pelo médico.
Ao deixar a sala do médico, reencontrei Vera, despedia-me dela quando uma ligeira vertigem me desconcertou.

– Qual é o problema? Você me parece tão tensa agora – indagou a mulher.

Senti necessidade de me abrir com ela mais uma vez:

– É que estou necessitada de um emprego, há mais de dois meses que procuro por um e não consigo, por nunca ter trabalhado fora. Se eu não conseguir um, como vou sustentar a minha criança? Como?

Depois de breve reflexão, Vera sorriu e me perguntou:

– Você tem experiência como secretária?

– Um pouco – menti, para não me sentir tão por baixo. E também por perceber que sem uma mentira ninguém me daria a chance de começar o meu primeiro emprego.

Vera, radiante, falou:

– Acho que posso te ajudar.

Duvidei que pudesse, a essas alturas do campeonato estava totalmente descrente.

– Estou saindo de licença de maternidade do meu emprego – esclareceu Vera, a seguir. – E posso indicar você para o meu patrão, para me substituir. O que acha?

Diverti-me com a ideia. Na verdade, amei-a de paixão.

– Eu secretária? Mas será que vão me aceitar?

– Pense positivo, minha querida. Sem pensamento positivo não se conseguem as melhores coisas da vida.

Sacudi a cabeça, depois meu rosto iluminou-se.

Com a mão trêmula, peguei o cartão de visitas da empresa onde ela trabalhava e reli o que estava escrito ali.

– Ligue hoje à tarde para que eu possa agendar uma entrevista com o "seu" Antenor. Ele é o dono da empresa. Eu o chamo de senhor, mas na verdade ele é moção, não tem mais de quarenta e dois anos. Você vai ligar, não vai? Por favor, não perca essa oportunidade – insistiu Vera com decisão.

Fiz que sim, com a cabeça.

– Ótimo! – exultou Vera.

A excitação fez meus olhos faiscarem.

Vera deu um tapinha carinhoso no meu ombro e se despediu novamente, desejando-me boa sorte.

Havia me descontraído e partia do consultório com a aparência mais descansada, com ar radiante, de que nada em minha vida estava perdido, que o melhor ainda podia acontecer.

Naquela tarde, como combinado com Vera, fui à casa de Dona Cilene, uma vizinha, pedir o telefone emprestado para poder agendar a tal entrevista de emprego. Afirmei para Dona Cilene que a ligação era por uma boa causa, senão não faria, acho que tampouco ela me emprestaria se não fosse por isso. Dona Cilene sempre fora muito pão-dura.

Foi a própria Vera quem me atendeu ao telefone. Em menos de dois minutos ficou decidido que a entrevista seria na manhã do dia seguinte. Ela, novamente, me desejou boa sorte e eu fiquei ansiosa desde então. Mal dormi à noite. Mal comi pela manhã.

À hora marcada, lá estava eu para a entrevista. Arrumada da cabeça aos pés, usando o vestido que mais me deixava bonita.

Antenor Pasquale crescera profissionalmente graças a sua capacidade de tomar a iniciativa em assuntos de negócios.

Apertamos as mãos e me sentei na cadeira que ele me indicou.

Os olhos do homem simpático tinham um brilho discreto quando começou a entrevista:

– A Vera me falou que você é uma ótima secretária, é verdade? Com a voz falhando respondi:

– Sou sim... é verdade... eu acho...

– Acha? Quem acha não acha nada. Ou se tem certeza de algo ou não se tem.

Engasguei ao tentar me defender. O homem, gentilmente, foi até o local onde havia uma moringa, encheu um dos copos sobre a bandeja com água e me deu.

– Beba. Nada melhor do que água para limpar a garganta.

Agradeci com os olhos vermelhos e cheios d'água. Quando consegui recuperar a voz, expliquei:

– Sou sim uma excelente secretária, pelo menos, meus patrões sempre me elogiaram.

Ele, parecendo prestar melhor atenção em mim, perguntou, olhando fundo em meus olhos.

– Patrões? Tão jovem e já teve patrões... Em que empresas mesmo você...

Respondi, ligeira:

– Não foi propriamente uma empresa, foi para um advogado.

– Por que foi demitida?

– Pedi as contas porque minha mãe achou melhor que eu estudasse de manhã. Com toda essa violência noturna que se ouve falar...

– Mas trabalhando aqui, cobrindo a licença da Vera, você terá de voltar a estudar à noite, não?

– S-sim...

Gaguejei e por pouco não engasguei de novo. Antes que ele percebesse os pontos fracos dos meus argumentos forjados, disse:

– Mas eu preciso muito desse emprego, muito, mesmo.

– Percebo que, sim.

Não sei o que me deu no minuto seguinte, foi quando ele estava prestes a me falar um pouco da empresa, fui surpreendida por um choro convulsivo.

– O que foi? – preocupou-se seu Antenor. – Você está muito nervosa... Relaxe.

A insegurança me fez ser sincera com o simpático homem.

– O senhor precisa saber da verdade... eu, bem... eu nunca trabalhei antes na vida. Jamais fui secretária, tenho apenas uma vaga noção do que seja ser uma secretária... Só menti porque preciso muito desse emprego, estou há dois meses procurando por um e não consigo, por não ter experiência em nada. Estou grávida sabe, sou mãe solteira e preciso muito juntar dinheiro para sustentar a criança quando ela nascer. E...

– Calma, Ana Paula. Respire fundo e relaxe.
– É melhor eu ir embora.
– Não é preciso. Eu penso, que mesmo não tendo experiência, você vai se dar muito bem como uma secretária particular.
– Jura? Como? Se não tenho experiência alguma!
– Suponho que esteja bastante interessada em aprender, não? – perguntou-me ele, com um brilho divertido nos olhos. – Afinal, você precisa muito desse emprego, ou não precisa?

Sacudi a cabeça, depois meu rosto iluminou-se.
– Só espero não decepcioná-lo.
– Vou lhe dar um crédito.
– Não quero decepcioná-lo.
– Não fará, acredite-me. Ponho fé em você!

Ele sorriu e continuou:
– Já que foi indicação da Vera, minha secretária, deve estar sabendo que ela entra em licença de maternidade daqui a algumas semanas, não? Pois bem, acho que seria interessante você começar o quanto antes para que ela possa lhe ensinar, senão tudo, boa parte dos seus afazeres, o que acha?

Assenti, trêmula.
– Portanto, nessa próxima segunda-feira você já pode começar – sugeriu Antenor, decidido.

Tremi ainda mais. Nunca a insegurança havia me pegado tão forte. Percebendo meu estado, *seu* Antenor, confidenciou-me:
– É natural a gente se sentir inseguro quando vai começar um emprego, ainda mais quando é o nosso primeiro emprego, mas acredite em você, procure relaxar que isso passa.

Ele tornou a sorrir e diante de suas palavras e de seu sorriso confortador, meu rosto tornou-se mais animado.

Parecendo satisfeito, ele olhou para o relógio e soltou uma exclamação:
– Bem, tenho uma reunião agora!
– Segunda estarei aqui.

– Ótimo. Até lá.

Voltei para casa, sentindo-me radiante. Contei, com grande orgulho, para minha mãe e meus irmãos a respeito da minha primeira grande conquista.

– É bom saber que ainda existam pessoas, como esse homem, dispostas a dar a chance para aqueles que precisam do seu primeiro emprego – observou mamãe, emocionada.

– O *seu* Antenor é realmente um amor de pessoa.

– Só acho... – continuou mamãe em tom sério –, que esse trabalho vai atrapalhar os seus estudos.

Defendi-me no mesmo instante:

– Não vai não, mamãe. Prometo.

– Acho bom mesmo. Porque sem estudos não somos nada. Veja eu, por exemplo. Se eu tivesse estudado, pelo menos, até o terceiro colegial teria conseguido empregos bem melhores do que consegui até hoje.

Mamãe ainda não se conformava de ter sido obrigada a fazer faxina durante um bom tempo de sua vida, se não tivesse conseguido o emprego de atendente na igreja para marcar missas de sétimo dia, de aniversário, casamentos e receber o dízimo, acho que ela teria morrido de desgosto. No fundo, ela era muito orgulhosa e vaidosa ao extremo, percebo, claramente, hoje. E penso que talvez tenha sido por isso que a vida a pôs onde pôs.

5
Uma luz na escuridão

Antes de sair de licença de maternidade, Vera, como o *seu* Antenor havia sugerido, me ensinou tudo o que podia para eu me tornar sua secretária eficiente. Ao término do meu primeiro dia como secretária, sem ter mais Vera ao meu lado para me auxiliar, pois ela já havia saído de licença, perguntei ao *seu* Antenor como havia me saído. Sua opinião era muito importante para mim.

– O que o senhor achou de mim? – perguntei, ansiosamente, assim que ele me recebeu em sua sala.

Ele me recebeu sorrindo e deu seu parecer também sorrindo.

– Para uma moça inexperiente até que você se deu muito bem no seu primeiro dia, Ana Paula.

Aproximou-se de mim e deu-me um tapinha amigável no ombro.

– Parabéns!

Soltei uma risadinha. Uma risadinha amiga e infantil.

Voltei para casa me sentindo a mil. Eu, Ana Paula Nogueira, estava contente. Contente comigo e agradecida a Deus por ter posto no meu caminho pessoas tão solidárias como Vera e o *seu* Antenor, que me abriram a porta quando mais precisei.

Nos meses que se seguiram me surpreendi com a facilidade com que aprendia tudo que me cabia fazer como secretária do senhor Antenor. Ainda achava engraçado me dirigir a ele chamando-o de "senhor" ou "seu", se era tão jovem. Ao menos eu o achava jovem.

Meu salário, guardava-o praticamente por inteiro, para poder comprar tudo que meu bebê necessitasse. Não queria que lhe faltasse nada, absolutamente nada. Especialmente amor. O amor que o Marcão nem sequer chegou a sentir por mim, nem nunca sentiria pelo filho.

Numa tarde de sábado, quando voltei para casa, encontrei mamãe acompanhada de três senhoras que faziam parte do grupo de oração. Tomavam juntas o café, acompanhado de biscoitos de manteiga, especialidade da mamãe. Dona Idalina estava toda excitada, contando a respeito do ator que abandonara uma atriz recentemente no altar, quando entrei. Após os cumprimentos, ela me olhou mais atentamente e disse:

– Ana Paula, meu bem, é impressão minha ou você está mais gordinha?

Ela, como sempre, disfarçava o prazer que sentia ao fazer tais observações.

Dona Amélia sacudiu a cabeça e fez ouvir uma espécie de cacarejo de desaprovação.

– Idalina! – disse em seguida. – Que comentário mais inoportuno.

– Vocês acharam, foi? Desculpe-me querida, não quis ser indelicada.

– Não foi, não. – respondi. – Eu realmente andei engordando um bocadinho. No frio a gente sempre come mais do que deve.

– É verdade. Principalmente macarronadas, pizzas, tortas...

Dona Amélia deu seu parecer:

– Minha irmã me aconselhou a fazer a dieta do chá. Um chá cujo nome, esquisito, não me recordo agora. Só sei que o aroma era tão horrível que eu me recusei terminantemente. Mas ela insistiu e insistiu e eu tive de beber aquela coisa horrível, detestável. Um horror.

– Por que você não tenta a dieta da sopa? – sugeriu Dona Idalina. – Dizem que dá bons resultados.

– É, talvez. A Letícia diz que faz todo ano quando ganha uns quilinhos a mais. Por falar nela. O marido realmente a estava traindo com a empregada, pobrezinha.

– Pobrezinha que nada – revidou minha mãe. – Letícia mal frequenta a igreja. Quando vai, é só para reparar nos outros.

– Por falar em reparar – atalhou, dona Amélia. – Vocês viram quem estava na missa ao lado de uma loura oxigenada? O Geraldo.

– Que pouca vergonha... – crucificou, minha mãe. – A mulher na cama, doente e ele saindo com a outra a olhos vistos.

– E na missa, o que é pior. – completou, dona Amélia em tom judicioso.

Assim que as mulheres partiram, mamãe veio falar comigo.

– Ana Paula, você sabe que a Idalina está certa. Você engordou.

Dessa vez não consegui conter o rubor. Procurando transparecer naturalidade, respondi:

– Eu achei mesmo, mamãe, mas não quis acreditar. Nessas horas, a senhora sabe, a gente procura acreditar que é só impressão.

Subitamente, estremeci. Fora o bebê quem se agitou no meu útero. Natural, afinal, eu já estava grávida de quase seis meses.

– O que foi?

– Nada não, um arrepio apenas.

Será que estaria sufocando a criança usando roubas apertadas com o objetivo de esconder a barriga?, perguntei-me em silêncio. Deus quisesse que não.

Infelizmente, estava. Quão ignorante, percebo hoje, nitidamente, fora a minha atitude.

Na minha consulta médica seguinte, o doutor me repreendeu ao ver minha barriga marcada pelo elástico da cintura da calça.

– Uma grávida deve usar calça folgada e, preferencialmente, batas. Não sabia? Vestida assim, até parece que você está querendo esconder a sua gravidez.

Mal sabia ele que eu estava de fato. Até aquele mês de gestação ninguém sequer desconfiava de que eu, em breve, daria à luz a uma criança, infelizmente, sem pai.

Eu já estava com, praticamente, nove meses de gestação completa e ainda disfarçava minha barriga para que ninguém soubesse da minha gravidez. Logicamente, que usava roupas mais largas e nada que evidenciasse minha barriga protuberante. Por sorte, ela não crescera muito, o que facilitou um bocado escondê-la de todos.

Ao chegar em casa do trabalho, Décio, que há dias vinha percebendo que eu andava aflita, perguntou:

– O que há?

– Dá para perceber que eu não estou bem, né? – respondi, incerta se deveria.

– Você pode enganar os outros, não a mim que a conheço muito bem. Sempre fomos tão ligados...

– É verdade...

– O que anda perturbando você, então?

Respirei fundo, peguei o punho direito de Décio e o levei até a minha barriga. Levou pelo menos um minuto para que ele compreendesse meu gesto.

– Você... – murmurou ele, sem esconder o espanto.

Contei tudo para o meu irmão que me ouviu pacientemente. Quando parei de falar, ele me abraçou, dizendo:

– Oh, minha irmã, por que não me disse isso antes? Por que ficou guardando de todos nós essa...

– Tristeza?

– Essa alegria, Ana Paula! Encaro o filho como uma dádiva.

– Você encara. E a mamãe? Quando souber...

– E ela precisa saber.

– Não já, por favor.

– Quando, então? Quando o bebê já estiver correndo pela casa? Chorando porque quer mamar?

Ele alisou meus cabelos, ternamente, e me aconselhou:

– Conte a ela.

– Ela vai me esganar.
– No início, depois...
– Piora.
– Que nada. Se quiser, se preferir, eu mesmo conto.
– Faria isso por mim?
– É lógico que sim, meu anjo.
Agradeci, sorrindo por sentir um alívio tomando o meu peito.
Ia seguindo para o meu quarto, sorrindo despreocupada, quando esbarrei com minha mãe que acabara de chegar, entrando pela porta da frente da casa.
– O que deu nela? – perguntou ao Décio ao me ver toda estabanada.
– Mamãe, sente aqui – pediu ele, indicando-lhe o sofá. – Quero ter uma palavrinha com a senhora.
Ao ouvir suas palavras meu coração disparou ainda mais. É agora! Deus meu, é agora. Minha mãe não vai me perdoar jamais!
Nem bem Décio abriu a boca meu grito ecoou pela casa.
Mamãe e Décio correram até onde eu estava, preocupados.
– O que houve?! – perguntou ele assim que me viu parada no corredor em frente à porta do meu quarto.
Os olhos de minha mãe se arregalaram, revelando horror e choque ao mesmo tempo. O chão abaixo dos meus pés estava todo molhado, minha bolsa havia estourado.
– O que está acontecendo aqui?! – questionou mamãe, agitando os braços e as mãos para todos os lados.
– Acalme-se, mamãe. – pediu Décio, segurando firmemente os braços dela.
– Não é o que estou pensando, é? Diga que não, meu filho. Por favor, diga que não!
– É sim, mamãe. E, por favor, acalme-se. O momento não é para desespero. Ainda mais desespero.
Mas minha mãe pareceu surda aos apelos de Décio. Voltou-se para mim, parada, em choque e pôs para fora toda a sua indignação diante do fato.

Mamãe exclamou com uma expressão de incredulidade estampada no rosto.

— Você?!

Minha voz começava a tornar-se trêmula:

— Mamãe, me perdoe... Por favor, me perdoe...

— Menina, o que foi que você fez?

Ela hesitou, antes de acrescentar, com uma expressão facial que oscilava entre a decepção e o medo:

— Você escondeu essa barriga durante nove meses? C-como pôde?

A novidade para ela era excitante demais para ser absorvida de uma vez só.

— Eu tive de esconder, mamãe. Tive medo da senhora se voltar contra mim. Me pôr para fora de casa. Pedir até mesmo que eu fizesse um aborto.

Ela me corrigiu em tom de severidade:

— Eu jamais pediria para fazer um aborto.

— Mas eu, no desespero...

— Onde está o pai dessa criança? Quem é ele? Quando o conheceu? Nunca soube que estivera envolvida com um rapaz antes.

— Ele, infelizmente, não vale nada. Só quis se aproveitar de mim e eu, apaixonada, iludida por sua lábia, cedi.

— Como você pôde ter sido tão inconsequente e vulgar?

Fitei ainda mais exasperada.

— Eu só me entreguei a ele por acreditar que ele me amava... — atestei.

— Quantas e quantas vezes não conversamos sobre a necessidade de se casar virgem?

— Eu sei...

— Mesmo assim... — afirmou, com ar reprovador: — você...

Ela balançou a cabeça, negando com veemência, enquanto dizia:

— Isso não pode estar acontecendo... Não pode. Não, na minha casa. Que vergonha...

43

Mamãe relanceou os olhos para mim, nunca vira uma expressão tão desacorçoada no rosto de alguém.

Décio opinou, então:

– O que está feito, mamãe, está feito. E como dizia minha avó, mãe da senhora: de nada serve chorar sobre o leite derramado. Precisamos agora é levar Ana Paula para a maternidade urgentemente, antes que a criança nasça desprovida de cuidados médicos.

Sem mais delongas, partimos. Assim que cheguei à maternidade, fui examinada e direcionada para o trabalho de parto antes que a criança tivesse complicações pela demora do nascimento.

Esse foi também um momento marcante de minha vida. Dar à luz a uma criança que foi gerada no meu ventre, só mesmo uma mãe pode ter noção da emoção que é, indescritível em palavras.

Era uma menina, linda e cabeludinha. E quando vi seu rostinho de pertinho foi como se ela tivesse me pedido para batizá-la com o nome de Patrícia. Mais tarde, escolhi Décio e Selma para serem seus padrinhos de batismo.

Apesar de estar diante de uma criança linda, sua neta, mamãe ainda não se conformava com o seu nascimento. Quando restou somente eu e mamãe no quarto, eu tentei novamente explicar a ela o porquê da minha velada gravidez.

– Foi por isso, mãe, que eu fui procurar um emprego.

Ela ergueu uma das sobrancelhas.

– Eu não queria sobrecarregar a senhora financeiramente. Achei melhor trabalhar para poder eu mesma sustentar a criança. – afirmei, sem faltar à verdade.

Ela pareceu não me ouvir, pois suas palavras a seguir, não correspondiam as minhas ditas há pouco.

– O que o pároco vai pensar de mim? – indagou mamãe em tom de lamúria. – De uma mulher que trabalha na igreja há anos... Vai pensar que eu não lhes dei educação, tampouco exigi de você que seguisse os mandamentos da igreja. Vou ser uma vergonha para o grupo de oração. Serei malvista em toda cidade.

44

Nisso a porta do quarto se abriu e Décio pôs o rosto pela fresta.

– Posso entrar?

Entrou mesmo sem que eu ou mamãe lhe déssemos uma resposta positiva.

Sem rodeios, Décio se dirigiu a ela:

– Foi impossível deixar de ouvir a discussão entre vocês duas ali de fora.

Mamãe respondeu, afiada:

– Não foi uma discussão, Décio.

Como sempre, ele tentou suavizar os humores:

– Sim, eu sei. Desculpe-me. Expressei-me mal.

Ele conseguira, mais uma vez, em menos de dois minutos, que o clima no quarto se tornasse mais leve. Só então, voltou a falar:

– Mamãe, a senhora não acha que está na hora de pensar mais na criança que nasceu, sua neta, do que no que os outros vão pensar da senhora?

O comentário fez com que mamãe olhasse mais atentamente para ele que prosseguiu:

– É mesmo. Uma criança inocente, uma linda menina, acaba de nascer e a senhora está aqui preocupando-se com o que os outros vão pensar...

– Porque não é você quem vai enfrentar todo o preconceito, Décio. Serei eu.

– Não é a senhora mesma quem diz que com a graça de Deus se supera tudo na vida?

Negando com a cabeça, com veemência, ela respondeu:

– Não sou eu, Décio. É o pároco.

– Que seja. Só acho que ele tem razão. Não?

Mamãe pareceu refletir. Por fim, respondeu que sim com um balanço de cabeça.

– Muito bem. Então...

Vi, nesse momento, um lampejo de alívio iluminar os olhos de minha mãe. E aquilo desencadeou uma onda de alívio em meu interior, que mais pareceu um tsunami.

Foi assim que Patrícia, minha filha, foi aceita no seio de nossa família. Mamãe sofreu, logicamente, com as repreensões que ouviu das companheiras de reza, do pároco, de vizinhos. Jamais pensei que nossa cidade fosse tão preconceituosa. Pareciam adorar pegar alguém para Cristo ou para malhar como Judas.

Foi Patrícia, com todo o seu encanto, quem conseguiu mais uma vez abrandar o coração de mamãe diante de tudo aquilo.

Se foi difícil para mim encarar minha mãe nos olhos e lhe contar toda a verdade? Foi. Só percebi que teria passado o mesmo, se tivesse lhe dito tudo muito antes, o que teria sido favorável para o bebê, que foi obrigado a ficar apertado dentro do meu útero, devido às roupas para disfarçar sua existência. Portanto, aconselho sempre a todas as mulheres que, por acaso, passarem o que eu passei: não cometam essa besteira. Não vale a pena! Quanto mais cedo expuser seu "problema", melhor. Quanto mais determinação tiver, melhor. Sofri aqueles nove meses em dobro, poderia tê-los passado diferente, em paz comigo e com o bebê.

Dias depois, recebi em minha casa, para a minha total surpresa, a visita da turma do escritório e do *seu* Antenor. Dos colegas de trabalho ganhei um cadeirão e do chefe, um lindo berço. O *seu* Antenor era realmente um homem muito bom. Todos na empresa foram formidáveis, fora mesmo uma graça para mim, ter ido trabalhar num lugar como aquele.

Está certo quem diz: "Quando estiver com um problema e não souber o que fazer, pense em Deus, entregue nas mãos dEle que tudo se resolverá." Eu era a prova viva daquilo.

6
Prosperar, a qualquer custo

 Nos meses que se seguiram recebi com grande alegria a notícia de que o seu Antenor ia continuar me empregando, mesmo depois de terminada a minha licença de maternidade e da Vera. Eu seria uma espécie de subsecretária na empresa. Fiquei muito feliz com a notícia, não podia ter outra melhor, pois eu precisava do dinheiro, naquele momento, mais do que nunca, para sustentar minha pequena e linda Patrícia.

 Um dia, quando minha filha já estava com três anos e eu com dezoito completos, ouvi o Marcelo, meu irmão, falando sobre oportunidade de mudar de vida. De sua vontade de ganhar na loto para poder abrir o seu negócio próprio, que só trabalhando para a gente mesmo é que se podia enriquecer. Desde então fiquei com aquela ideia na cabeça. Montar meu próprio negócio para ganhar mais e, assim, poder dar uma vida mais digna para a minha filha e minha mãe. Especialmente para minha mãe que já trabalhara bem mais do que devia para sustentar a todos nós, desde que meu pai fora embora de casa.

 Queria vê-la comprando algo para si, coisa que nunca fez. Todo o seu salário era para pagar o aluguel, a luz, o gás, a água e pôr comida na mesa. Vestíamos roupas doadas. Muitas angariadas pelo pároco da igreja.

 Sim, eu tinha de mudar de vida e mudando a minha, mudaria, consequentemente, a de minha mãe e de minha filha adorada. Mas o que eu poderia abrir com pouco dinheiro, ou melhor, com praticamente, dinheiro nenhum? Nada. Ao comentar com o Marcelo ele me abriu as ideias.

– Sabe mesmo o que dá dinheiro? Revender coisas do Paraguai. A Cíntia tá muito bem de vida depois que abriu uma lojinha de produtos do Paraguai.

A Cíntia era a namorada dele na época.

– É, mas aposto que o pai dela a ajudou financeiramente para abrir a loja.

– Ah, isso foi. É preciso ter capital para abrir qualquer coisa.

– Se eu tivesse, eu abriria. Acho que seria divertido viajar para o Paraguai, fazer compras...

– Se você for demitida do seu emprego receberá algum dinheiro, não?

– Acho que sim. Mas eles não vão me demitir.

– Demitirão se fizer alguma coisa de errado no escritório.

– Ah, eu não posso fazer isso... Não fica bem e acho que mesmo fazendo algo de errado, o *seu* Antenor, bom como é, gostando de mim como gosta, não me demitiria. Se eu pedir as contas não ganho a mesma grana?

– Não quanto ganharia, se fosse demitida.

Fiquei reflexiva.

– Eles pagam tudo certinho para você? – continuou Marcelo. – Férias, 13º salário, horas extras, tem tudo registrado, assinado por você?

– Marcelo, você sabe que eu não entendo muito bem disso.

– Pegue seus comprovantes, vamos falar com o Maurício, meu amigo, ele é advogado, vai instruí-la em tudo que for preciso...

– Instruir-me no quê?

– Na ação que você vai mover contra a empresa onde trabalha.

– Ação?! Que ação! Pera aí...

– Você não quer capital para abrir uma lojinha de produtos do Paraguai? Pois bem, se você puser a empresa onde trabalha no "pau", você terá esse dinheiro. E pelo que vejo você pode ganhar um bocado de dinheiro.

Fiquei sem saber o que dizer, mas excitada, afinal, o que eu mais queria era mudar de vida, dar uma reviravolta na minha vida, ganhar mais para poder fazer mais por minha filha e minha mãe.

Quando o Maurício, advogado, amigo do meu irmão me disse que eu tinha condições de angariar uma boa quantia que daria para começar meu negócio próprio tão importante para mim, se eu entrasse na justiça contra a empresa do Seu Antenor, me vi tentada a fazer o que ele sugeriu, não tinha escolha e aquela era a única forma, a meu ver, de ganhar o dinheiro para dar uma guinada na minha vida e na de minha família.

O próximo passo, seguindo as instruções do Maurício, foi pedir as contas para o seu Antenor.

Assim que me viu entrando na sua sala, pedindo licença para lhe falar, seu Antenor abriu um sorriso. Trocamos um longo olhar na espera de que eu dissesse ao que vinha. Fui eu a primeira a desviar os olhos e hesitante, falei:

– Estou aqui para pedir as minhas contas, *seu* Antenor.

Ele voltou a me encarar com um ar espantado.

– Mas eu pensei que estivesse feliz trabalhando aqui.

– Estava – respondi, hesitante. – Só que...

– Eu não entendo... – Ele deixou escapar um riso meio constrangido. – Pensei que você cresceria dentro desta empresa...

– A vida nem sempre segue como a gente espera, não é mesmo?

Ele anuiu com um movimento da cabeça.

– Sim, sem dúvida – acrescentou, pensativo. – Você tem certeza de que é isso mesmo o que você quer? Não vá se arrepender depois.

Apressei-me em dizer:

– Não. Não vou me arrepender. Quanto mais cedo eu começar na minha empreitada, melhor.
– E qual é a sua empreitada?
– Prefiro, por enquanto, guardar segredo dela. Para não gorar, sabe como é...

Ele fez que sim com a cabeça e insistiu na pergunta:
– Ana Paula, você tem certeza mesmo de que é isso que você quer? Uma vez perdida a vaga... demora muito a surgir outra, pelo menos aqui.

Visto que eu não voltaria atrás, um lampejo de seriedade dominou o olhar daquele que até então fora meu patrão. A voz soou fria ao dizer:
– Passe no departamento financeiro e faça o seu acerto. Se preferir, posso demiti-la ao invés de você sair da empresa por pedir as contas, assim você recebe uma quantia maior. Fazemos um acordo mais favorável para você e para mim, o que acha?

Acho que meus olhos brilharam.
– S-sim, sim, seu Antenor. Seria muito bom. Muito bom mesmo.

Estendendo-me a mão, desejou-me boa sorte. Só me restou agradecer e partir. Um longo silêncio dominou o ambiente depois da minha partida.

Depois de tudo acertado, o Maurício entrou na justiça movendo uma ação trabalhista contra a empresa do seu Antenor. Se tudo desse certo, o juiz me faria receber uma grande bolada de dinheiro, Maurício acreditava piamente que isso aconteceria, pois *seu* Antenor não tinha todos os recibos assinados por mim de que eu recebera por hora-extra, décimo terceiro salário, férias, bonificações, nada, enfim... Ele confiava tanto em mim que achou desnecessário.

Eu, por nenhum momento, pensei no que isso acarretaria ao *seu* Antenor. Prejuízo não teria, pensei, pois a empresa lucrava muito, eu via as notas de venda, eram muitas e com valores exorbitantes.

...

No fórum, para audiência encontrei o *seu* Antenor no corredor. Tinha o rosto vermelho e parecia estar com muito calor. A expressão do seu rosto adquiriu um ar grave ao me ver.

— Ana Paula?!... – murmurou, evasivo.

A seguir, dirigiu-me um olhar penetrante e indignado, de alto a baixo, antes de perguntar:

— Como pôde fazer isso comigo? Justo comigo que lhe estendi a mão quando mais precisou? Que correu todos os riscos, até mesmo prejuízos para não deixá-la desamparada?

Eu interrompi seu discurso inflamado para lhe estender um olhar carregado de fúria.

— O que esperava que eu fizesse, *seu* Antenor? Que deixasse meus direitos de lado para o senhor ficar ainda mais rico?

O homem imprecou com amargura.

— Rico?! – exclamou, rindo.

Surpreso, seu Antenor deu um assobio baixo.

— A vida é realmente impiedosa, faz-se o bem e se recebe em troca prejuízo e ingratidão.

Não pude deixar o comentário sem uma resposta da minha parte, uma, a meu ver, necessária. Disse um tanto ríspida:

— E é sempre assim, o rico, por ser rico quer dar o olé em nós, pobres coitados. Bem que dizem mesmo que é o trabalhador quem paga os pecados do mundo.

A réplica por parte do *seu* Antenor foi:

— Não é pelo dinheiro, não mesmo – afirmou.

— Ah, não? É pelo que, então, seu Antenor?

— É pela falta de consideração da sua parte. Ainda mais por eu ter lhe dado todos os benefícios e ainda mais, não ter pedido recibo, por confiar em você. Mas consideração é algo que você está muito longe de compreender o seu real significado.

Ele tomou ar e continuou:

— Quando recebi a intimação, não quis acreditar que era real. Jamais pensei receber algo desse tipo de você. Uma verdadeira punhalada nas costas. Fiquei atônito e ao mesmo tempo decepcionado.

Agora diga-me, aproveitando a oportunidade de estarmos aqui, cara a cara, diga-me: de quem partiu a ideia de me levar à justiça? Não pode ter sido sua. Não de você que eu tanto ajudei. Que tanto me dizia ser grata e me considerar como a um pai.

Ponderei antes de responder:

– Pois fui eu mesma quem decidiu exigir os meus direitos.

– Não pode ser...

Assegurei em tom grave.

Ele me fitou, incrédulo.

– Continue assim, Ana Paula – observou ele como uma advertência.

– Assim como? – perguntei com impaciência.

– Cuspindo no prato que comeu.

O silêncio caiu pesado entre nós. Só foi quebrado por uma voz masculina anunciando que a audiência teria início.

Os olhos cheios de decepção do homem fixaram os meus novamente. Agora ele me parecia suar em profusão, tal como eu. Por dentro de meu vestido eu estava pingando.

Suarentos e sem fôlegos entramos no local.

Como Maurício previu, o juiz deu causa ganha para mim. Foi a meu favor. Com isso a empresa de *seu* Antenor foi obrigada a me pagar uma quantia muito além do que eu esperava e acho até do que o próprio Mauricio esperava. Deixei a sala, mal me contendo de felicidade.

Já tomava o corredor quando seu Antenor me chamou e disse:

– Faça bom proveito de todo dinheiro que recebeu. Mas, que Deus a livre de empregar pessoas como você no negócio que pretende abrir. Repito: não é pelo dinheiro. É pela falta de consideração da sua parte que dói em mim. Pela decepção também. Por ter acreditado em você, ter-lhe pagado tudo certinho, e você ter mentido deslavadamente para o juiz dizendo que nunca recebeu nada.

– Vamos embora, Ana Paula – interveio Maurício.

– Não, espere – respondi.

Seu Antenor, suarento e vermelho terminou o que parecia muito querer me dizer. Antes tivesse ouvido o conselho do Maurício.

– Sabe qual é a diferença entre você e o canalha que a iludiu e a deixou grávida, Ana Paula? Nenhuma. Você baixou ao nível dele. Exatamente igual, para obter algo em troca. Tenho pena de você, menina. Muita pena. Mas ainda assim lhe desejo sorte, e saúde para que possa ensinar a sua filha, pelo menos a ser uma mulher de caráter e bom senso, no futuro.

Sem mais, ele me deu as costas e seguiu para a outra saída do fórum.

Foi preciso Maurício me tocar para eu voltar à realidade. As palavras do homem haviam de certo modo me paralisado.

– Vamos embora, Ana Paula. – disse ele. – Não dê trela para esse homem ganancioso. Ele está P da vida porque você tirou dele uma quantia de dinheiro, que é seu por direito. O miserável não se conforma em ter pago o que era seu por direito.

– Mas eu menti, você sabe que eu menti.

– Encare a mentira como uma mentira para o seu próprio bem. E pense no que esse dinheiro vai poder ajudar você e sua filha.

A menção de Patrícia me fez voltar a mim.

– Você tem razão. Toda razão, Maurício. Obrigada.

– Vamos. Precisamos comemorar a causa ganha.

Sim, eu precisava mesmo comemorar, pois agora tinha em minhas mãos o dinheiro que me abriria, definitivamente, as portas para o sucesso profissional e a prosperidade. Ulá, lá!!!

7
Revés do destino

Quando me vi no Paraguai, realizando as compras para abrir a minha lojinha de produtos importados ou, contrabandeados, como queira, disse a mim mesma:

"Mim mesma!", risos, "valeu a pena todas aquelas horas feito uma sardinha enlatada naquele ônibus apertado e mal cheiroso que me trouxe até aqui."

A minha vontade era ter o dobro do dinheiro para poder comprar tudo o que via. De cacarecos a produtos eletrônicos, estojos de beleza a bichos de pelúcia. Estava convencida, naquele momento, mais do que nunca, de que minha lojinha seria um sucesso e, que, em breve, muito em breve, eu haveria de comprar a casa própria tão sonhada por mim para abrigar de vez a minha mãe e minha filha e, logicamente, meus dois irmãos, até se casarem.

De todos os passageiros eu fui a que comprou mais. Investi todo o dinheiro que havia ganhado na ação contra o seu Antenor. Senti até vontade de enviar para ele um presentinho por estar, indiretamente, me possibilitando tudo aquilo.

Minha compra encheu 10 fardos. 10 fardos grandes. Era mercadoria que parecia não acabar mais. Tive até de pagar pelo excesso de bagagem, mas tudo bem, valeria a pena.

O único dinheiro que sobrou na minha mão foi para pagar o lanche que comeria quando o ônibus parasse num dos postos da estrada.

Ah, como eu estava feliz. Acho que nunca me vira feliz assim desde que vi Patrícia, recém-nascida, ser erguida pela mão do médico, chorando, após a tradicional palmadinha.

"Filha, minha filha querida, minha filha adorada", dizia eu em pensamento. "É por você que faço tudo isso, minha querida. Você terá um futuro mais farto, bem diferente do meu, meu amor. Terá tudo de que precisar que nem sequer vai sentir a falta de seu pai. Pensar que se ele estivesse ao seu lado, sua vida seria mais farta? Não, mesmo!"

Eu suspirava. Pensando em minha mãe, falei, baixinho:

"Dona Rosa, minha mãe querida. A senhora agora vai sentir muito orgulho de mim. Nunca mais vai ter de pagar aluguel e com o dinheiro que vai economizar, comprará coisas para a senhora, tudo aquilo que necessita e nunca fez, para pôr comida na mesa para nós. Ninguém mais do que a senhora merece uma vida mais próspera. Ninguém. Eu a amo tanto, mãe. Tanto."

Contive-me para não chorar.

Assim que a mercadoria de todos foi ajeitada no bagageiro do ônibus, todos os passageiros tomaram o seu lugar e se prepararam para a volta.

A noite estava linda e enluarada, quando a excursão deixou o Paraguai de volta para o Brasil.

Todos, assim como eu, parecíamos mais aliviados depois de termos feito as compras e por estarmos tomando o rumo de volta para casa.

Eu estava tão feliz com tudo aquilo que comprei quatro champanhes para servir a todos que viajavam comigo como comemoração ao triunfo de minha empreitada.

A bebida foi servida em copos de plástico descartáveis, mas o que valia mesmo era a intenção.

– Bebamos! – ordenei, sorrindo, estendendo o olhar a todos os presentes. – Pelo sucesso de nossas compras, pelas vendas e também pelo lucro que teremos com elas.

Vagarosa, muito vagarosamente, com meus olhos fixos no futuro, levei meu copo até os lábios.

– Ao sucesso – reforçou um colega de viagem – e ao futuro! Todos entornaram a bebida e sorriram, felizes. O brinde, ainda que singelo, despertou algo em todos ali, pude perceber. Era uma sensação de paz, de vitória, de felicidade, sei lá, talvez algo mais ou até mesmo, mais simples, mas definitivamente, algo bom!

Quando todos se aquietaram, eu me concentrei no céu lindo que podia avistar pela janela. A noite estava realmente um cartão postal. Talvez fossem meus olhos, tomados de felicidade que viam tudo diferente, mais azul, mais brilhante, mais bonito.

Ao avistar a lua lembrei da canção: "Oh... lua grande de temores e de encantos... tu dás o abrigo... Ai vem matar de vez o pranto, ai vem matar essa paixão que anda comigo..."

Suspirei, feliz.

A passageira sentada ao meu lado agitou-se na cadeira e murmurou:

– Espero que nenhuma fiscalização nos pare.

– Vira essa boca para lá. Xô! – comentou a passageira que estava sentada próximo a nós.

Um ligeiro franzido surgiu no cenho branco da mulher.

– Mas eles estão em toda parte...

A frase da mulher se repetiu em minha mente, novamente: "Espero que nenhuma fiscalização nos pare."

Do que ela estaria falando? Resolvi tirar a limpo.

– Com licença, mas de que fiscalização você está falando?

A mulher riu, e, para mim, foi com certo prazer.

– Você é mesmo, como dizem, uma marinheira de primeira viagem.

– Que seja – a cortei, impaciente. – Por favor, explique.

A mulher explicou minuciosamente. As fiscalizações eram feitas pela polícia brasileira, eles ficavam em alguns pontos da estrada, parando todos os ônibus que passavam para impedir que a mercadoria adquirida por nós, também conhecidos de sacoleiros, chegasse ao seu devido fim. Razão: por serem produtos que não pagavam impostos ao governo.

    Gente, eu juro, que só nessa hora é que eu me lembrei de que já havia ouvido falar a respeito, mas com a empolgação de abrir a minha lojinha, prosperar e tudo mais, havia me esquecido completamente desse detalhe.

    "Que Deus me protegesse, agora!", supliquei aos céus, baixinho. "Protegesse a mim e todos que estavam ali junto comigo naquele ônibus, investindo seu dinheiro para poder ter um lucro no final."

    Ao voltar os olhos para o céu, ele já não tinha mais o mesmo encanto de antes.

    Tornei a pedir que alguém lá em cima nos protegesse, mas meus apelos foram novamente ouvidos somente por alguém lá de baixo.

    Não deu cinco minutos e uma fiscalização parou a gente. Foi pânico pra todo lado.

    – Eu creio que eles não confiscarão nada... – cochichei com a passageira parada ao meu lado, porém fui interrompida pela volta do fiscal.

    – Levem tudo – ordenou ele para os seus ajudantes.

    Diante da sua ordem, fiquei de frente para ele e supliquei:

    – Pelo amor de Deus o senhor não pode fazer isso com a gente!

    O fiscal deu um sorriso amargo.

    – É a lei, moça. Eu só cumpro a lei.

    – Eu e todos aqui, acredito, daremos uma... "gorjeta" para que nos libere, por favor – continuei.

    – O nome disso é suborno, moça.

    – Seja o que for, por favor, eu lhe imploro, não confisque nossa mercadoria. Todas as minhas economias estão aqui, nessas compras. Tenho uma filha para sustentar.

O homem, impaciente, foi mais curto e grosso:
— Eu sinto muito. Mas todos estão cansados de saber que esse tipo de comércio é ilegal.

Meu rosto, naturalmente pálido ficou ainda mais pálido.
— Por favor – insisti –, eu imploro. Por tudo que há de mais sagrado.

Agarrei o braço do homem. Repentinamente eu parecia uma criança pequena que tinha sido cruelmente ferida.
— Não faça isso comigo – murmurei, com o queixo tremendo de vontade de chorar.

O homem de uma frieza assustadora me respondeu:
— Se eu poupar a senhora terei de poupar os outros também e... isso eu não posso fazer.

Fixei meus olhos nele e tornei a agarrá-lo pelo braço e sacudi-lo violentamente. O policial foi novamente severo comigo:
— Se não me soltar, mocinha, a levarei presa agora mesmo.

Uma das passageiras voltou-se para mim e disse:
— Minha querida, controle-se, você pode complicar as coisas para você e para todos nós. Complicar mais do que já está complicado.

Fiquei, subitamente rígida como um poste.

A companheira de viagem acrescentou, bondosamente:
— Por favor, acalme-se.

Explodi, sem querer:
— Não dá para me acalmar! Não dá! Eles confiscam o que eu comprei com o meu dinheiro suado e fica por isso mesmo?! Está errado.

A mulher, calmamente, me respondeu:
— Quantas e quantas pessoas já não enfrentaram o mesmo? Milhares.
— Eu não posso ficar calada. Os políticos deste país podem roubar e ficarem impunes, nós, pobres e trabalhadores somos obrigados a pagar por tentar nos erguer financeiramente. Isso não está certo.

58

Suspirei, nervosa.

O policial, num tom cínico me deu um conselho antes de liberar o ônibus:

– Dá próxima vez, preste melhor atenção em quem você quer eleger para governar o país.

A minha resposta foi na lata.

– Eu ainda não votei.

– Guarde o conselho para quando fizer!

A minha vontade era de pular sobre o homem e esbofeteá-lo. Acho que essa foi a vontade da maioria dos passageiros.

Foi triste demais ver, pela janela do ônibus em movimento, toda aquela mercadoria sendo deixada à beira da estrada, a mercadoria que compráramos com o nosso dinheiro suado. Comprado com tanto gosto e imaginando o lucro que teríamos ao vendê-la.

– Esse país não tem jeito mesmo – desabafei em voz alta para que todos compartilhassem da minha indignação. – Trabalhador aqui paga os pecados do mundo!

Um dos passageiros comentou, também, indignado:

– O pior é que esses bens confiscados ficam para os próprios fiscais. Deve ter até político envolvido nisso. É revoltante.

Com a boca espumando de ódio, outro passageiro falou:

– Se o Brasil não fosse tão abençoado, eu sumia daqui.

Outro concordou com ele:

– É, a revolta nos dá vontade mesmo de abandonar tudo isso.

Outro se opôs:

– Eu não faria jamais, não suportaria viver sem esse clima tropical, sem as novelas, sem o carnaval. Sem o nosso calor humano.

Um burburinho ecoou pelo ônibus diante do comentário.

– E agora? – perguntou uma passageira aos prantos.

– Agora – respondeu outro –, é arregaçar as mangas e correr atrás do prejuízo.

– É o jeito.

Quanto a mim, calei-me, recostei a cabeça no assento e fechei os olhos. O que ouvira há pouco ecoou em minha mente: "E agora?"... "Agora, é arregaçar as mangas e correr atrás do prejuízo.", "É o jeito!"...
Eu estava literalmente em choque.
Para piorar a situação, a mulher sentada ao meu lado voltou-se para mim e disse com todas as letras:
— Sabe de quem é a culpa por tudo isso?
Fiz que não com a cabeça.
— É sua! – respondeu-me ela, na lata.
— Minha?! – espantei-me.
— Sua, sim. Nunca ouviu falar que não se deve comemorar nada antes da vitória? Se você não tivesse feito aquele brinde, nada disso tinha acontecido.
A mulher sentada atrás interveio:
— Bobagem!
A outra se defendeu na mesma hora:
— Que bobagem que nada...
E a discussão se estendeu nem sei bem por quantos minutos. Eu só sei que fechei os olhos e me desliguei de tudo ao meu redor. A decepção era tanta que sentia meu corpo amortecido como se tivesse sido anestesiado. Logo, minha cabeça explodia de dor como se eu tivesse levado uma paulada.

Quando o ônibus parou no posto à beira da estrada para lancharmos, poucos deixaram o veículo. Alguns somente para ir ao banheiro. A meia dúzia que entrou no restaurante para comer e beber alguma coisa já havia aprendido que na vida há altos e baixos e quando se vive os momentos baixos, devemos erguer a cabeça e prosseguir. Pois ficar remoendo o acontecido não mudará o que aconteceu. É o mesmo que chorar sobre o leite derramado. Só nos resta seguir, com fé.

Antes eu soubesse de tudo isso, nessa época, teria me poupado de tanto sofrimento e sentimento de culpa. Mas um dia todos aprendem com a vida que de nada adianta mesmo lamentar o que aconteceu, o que vale mesmo é prosseguir.

8
Novo desafio

A sensação de frustração, de culpa, de baixa estima que me afetou nos dias que se seguiram após o trágico episódio do Paraguai se estendeu por longas e doloridas semanas.

Eu me sentia péssima. A pior pessoa do mundo. A mais coitada. A última bolacha do pacote. Sabe como é, né?

Eu não conseguia parar de dialogar, em pensamento, com a vida.

Por quê? Era a pergunta que não queria calar dentro de mim. Por que minha vida é tão cheia de surpresas desagradáveis?

Havia agora um medo crescente do amanhã. Medo de não conseguir um novo emprego, um que me desse a oportunidade de realizar o sonho da casa própria. De oferecer no futuro uma vida mais digna para a minha filha. De poder pagar uma escola particular para ela. Fazer, enfim, tudo que eu considerava digno.

Logicamente que nem tudo é desgraça. A vida nos surpreende também com bondades inesperadas, vindas das pessoas que você menos espera.

Havia passado na igreja para rezar um pouco quando encontrei o padre Kleber com quem sempre costumava me confessar. O padre acercou-se de mim, enfiou seu braço no meu e disse:

– Pensei muito no que me disse, minha filha e...

Voltei a cabeça ligeiramente para ele e falei:

– Padre, o que lhe disse foi em confissão.
– Não importa – redarguiu.
E, discretamente, pegou a minha mão direita e pôs uma pequena quantia de dinheiro.
– Padre, o que é isso?
– Sei que está necessitada.
– Estou, mas...
– Vai ajudá-la a aliviar um pouco seus gastos.
– Mas esse dinheiro, padre. Esse dinheiro é do dízimo.
– Jesus ajudou uma prostituta, impediu que fosse apedrejada. Ajudou até mesmo quem não gostava dele. Orou por todos. Bem, eu acho que boa parte do dízimo deveria ser para ajudar quem está realmente numa situação difícil como a sua.
– Padre, eu nem sei o que dizer. Estou emocionada por ter se preocupado comigo.
Lancei-lhe um olhar agradecido quando acabei aceitando o presente.
Semanas se seguiram desde então...

Depois de tanto procurar por um emprego e não consegui-lo, um raio de luz passou pela minha mente: *seu* Antenor. Só ele podia me tirar do fundo do poço em que me encontrava. Apesar de tudo que lhe disse, passei óleo de peroba na cara, metaforicamente falando, e fui procurá-lo em seu escritório. Se ele me ajudou uma vez haveria de me ajudar novamente!

Tirando o paletó e arregaçando a manga da camisa, *seu* Antenor me encarou pela primeira vez desde que eu havia chegado ali. Um olhar esquisito apareceu em seu rosto, algo que me amedrontou.

– O bom filho a casa torna – disse com um sorriso inesperado em seu rosto sério. Havia qualquer coisa de menino endiabrado nele, agora.

Fiquei rubra sem querer e comecei falando muito respeitosamente:

– Sei que o senhor deve estar me estranhando aqui, a esta hora... Justo eu que lhe disse poucas e boas, que jurei nunca mais olhar na sua cara.

Seu Antenor sorriu ante a aflição expressada pelo meu tom de voz.

– Bem – hesitei – eu vim aqui lhe pedir desculpas por tê-lo tratado daquela forma. Por ter-lhe dito tudo aquilo...

– Você me ofendeu muito, Ana Paula.

– Eu sei – arrepiei. – Por isso vim aqui lhe pedir desculpas...

Ele apertou os olhos, examinando-me com certo desdém e perguntou:

– Foi por isso mesmo que veio?

– Foi sim... – declarei, ansiosa.

– Não sei, não. Ouvi dizer que está numa pior. Que investiu todo o dinheiro que arrancou de mim naquela ação, injusta, digamos de passagem, e você sabe que foi injusta, em compras no Paraguai e perdeu tudo quando a fiscalização parou o ônibus na volta, não foi?

Tentei mudar de assunto.

– Foi ou não foi? – tornou ele, erguendo a voz.

– Foi – respondi finalmente, assumindo minha real personalidade.

Houve um breve silêncio até que o homem de quarenta e cinco anos me dissesse em tom de desabafo:

– Você achou mesmo que eu iria ajudá-la novamente depois de ter cuspido no prato que comeu?

– Eu me arrependi do que fiz com o senhor, seu Antenor. Eu juro!

– Diz que se arrependeu porque tá na pior, agora! Se não estivesse não diria, não teria sequer vindo aqui, sequer olhado na minha cara, caso me encontrasse por acaso na rua.

– Não é verdade...

– É verdade, sim! Para que mentir?

E, bastante satisfeito com a decepção estampada em meu olhar, seu Antenor decidiu encerrar o encontro.

– Não temos mais nada para conversar, além do mais, eu tenho mais o que fazer.

– Não faça isso comigo, *seu* Antenor, por favor.

– Você deveria ter pensado melhor antes de ter feito aquela barbaridade com a minha empresa, a única que lhe abriu as portas quando mais precisou.

Não consegui mais me conter, chorei.

– Quer dizer que é assim? – indaguei, entre lágrimas. – O senhor quer me ver na sarjeta, me rastejando, me humilhando pelo que se passou entre nós? Errei, sim, ao mover a ação. Fui injusta, concordo, mas foi a única maneira de eu...

Ele me interrompeu:

– Por que você veio atrás de mim para lhe dar um emprego se tem tantos outros lugares para trabalhar?

Eu ia responder, quando ele respondeu por mim:

– Eu mesmo respondo, pode deixar: veio me procurar porque ninguém quer lhe dar emprego, não só por não ter experiência, mas por saberem do que foi capaz de fazer contra mim.

Meus olhos esbugalharam-se.

– Me dá uma nova chance, *seu* Antenor, por favor. Eu imploro.

– Está pensando que eu sou mulher de bêbado, é? Que apanha e depois esquece e perdoa e apanha de novo e... Não sou não, Ana Paula! Não, mesmo!

Aquelas palavras, talvez nem elas, tiraram-me do sério. Avancei de um pulo sobre o meu ex-patrão e comecei a estapeá-lo. Seu Antenor delicadamente me deteve.

– Você é horrível! – brami, enfurecida.

Subitamente o soltei e, tonta, desabei no sofá que havia ali e comecei a soluçar e chorar ao mesmo tempo, um som apavorante. O silêncio era completo, a não ser pelos meus soluços e meu choro.

– Você quer que eu sinta pena de você, Ana Paula? Quão hipócrita você é, hein? Quão estúpido acha que sou?

Havia triunfo na voz do homem. Novamente ele riu. Mais do que nunca parecia um grande senhor enojado de um rato.

Voltei-me para ele, novamente e declarei:

– O senhor é mesmo um monstro.

– Não sou, não! Você, talvez... Se eu fosse um monstro não teria estendido a mão para você quando mais precisou. Posto você aqui, nesta empresa, sem experiência alguma, num cargo que exigia experiência. E fiz tudo para ajudá-la. Porque sabia que estava precisando, porque estava grávida e precisaria do dinheiro para sustentar sua filha.

Suspirou.

– Agora chega! Queira se retirar da minha empresa, por favor.

Não antes, pensei, de lhe ofender mais um pouco, disse para mim mesma.

– Tomara que o senhor morra bem antes de aproveitar um centavo sequer do lucro dessa m... de empresa.

Nunca em toda a minha vida, palavras haviam saído de meus lábios com tão completa e forte malevolência.

– Terminou? – perguntou-me ele, calmamente.

– Ainda não!

– Então, termine, eu aguardo.

De repente perdi o interesse em continuar avacalhando com aquele homem que me estendera a mão quando mais precisei. Ele estava certo, percebia eu, agora. Ele fora o único que me ajudou e eu o tratara de forma tão baixa quanto o Marcão me tratou.

Mamãe também estava certa quando disse que não devemos cuspir no prato que comemos.

A única errada ali era eu que só pensei em mim, em subir na vida, pisando em qualquer um se fosse preciso.

Assim que deixei a sala do *seu* Antenor, Vera, a secretária, a mulher que havia me arranjado o emprego ali, passou o braço em volta de mim e me conduziu até a saída.

Minhas pernas tremiam tanto que eu mal podia andar. Vera guiou meus passos até a porta da frente do edifício. Junto à porta, procurei recuperar meu equilíbrio, levantei lhe cabeça e a agradeci mais uma vez por tudo que ela havia feito por mim e lhe pedi desculpas por ter feito o que fiz contra o *seu* Antenor.
Adotei uma atitude de modéstia.
Vera ficou me olhando seguir meu caminho. Morrendo de pena de mim, apesar de saber que eu merecera ter sido mal recebida pelo patrão.

Dali, segui vagarosamente até uma pracinha, querendo, na minha cabeça, encontrar um rumo para seguir, algo que parecia distante e inalcançável.
– Estou perdida... – murmurei, arrasada –, realmente perdida... Como fui burra em fazer o que fiz. A mamãe estava certa, o tempo todo ela estava certa: "Não se cospe no prato que se come!".
E agora? O que faço? Estou acabada. Com uma filha para sustentar, começando a fazer dívidas sobre dívidas... Deus meu e agora?
Estava gravitando pelas imediações, sem destino certo, pálida como um lençol, quando fui agarrada pelo braço, por trás. Ao virar para ver quem era, deparei-me com o Marcão.
– Ana Rita? – disse ele, arreganhado os dentes, formando aquele sorriso de cafajeste que eu conhecia tão bem.
Eu, simplesmente, não sabia o que dizer. Marcão, o pai de minha filha, era a última pessoa que esperava encontrar no mundo, ainda mais àquela hora, atolada no desespero e na desgraça.
– E aí Ana, quanto tempo, hein? – tornou ele, como se fôssemos amigos íntimos.
Eu continuei sem saber o que dizer. Repentinamente, eu mais parecia uma criança que perde a fala por estar com medo do Bicho Papão.

— Saí da construção há pouco – continuou o Marcão sem perceber meu estado, mesmo estando estampado em minha face –, tô meio que livre agora, se quiser dar um giro por aí?
— Giro?... – balbuciei.
— É... dar uma rolé por aí.
Ele tornou a agarrar meu braço e completou, no seu tom de voz mais libidinoso:
— Você está uma gracinha, sabia?
O rosto, horrivelmente pálido dessa pessoa que vos fala, eu, Ana Paula Nogueira, ficou ainda mais pálido.
"Acalme-se", pedi a mim mesma, em silêncio.
— Venha – continuou o Marcão sem nenhum tato, como era do seu feitio tratar as mulheres – vou levá-la até minha casa. Dê uma incrementada por lá.
Percebendo minha imobilidade ele foi capaz de fazer beicinho e falar como criancinha:
— Vamos lá, Ana Rita. Larga de fazer doce, vai?
Fiquei um pouco mais rígida.
O cretino acrescentou em tom aveludado:
— Você gostava tanto dos meus beijos...
Essa para mim foi demais; destravou a minha língua:
— Pois hoje sinto nojo dos seus beijos...
O riso dele se ampliou.
— Adoro mulher que se faz de difícil.
— Solte do meu braço.
— Ui...
Num puxão o soltei. Dei-lhe as costas, enquanto ele fazia uma nova tentativa de me levar para a cama, que era seu único interesse e, na sua doce ilusão, acreditava ser também o de toda mulher.
Subitamente, travei o passo, voltei-me abruptamente para ele e disse:
— E a propósito: meu nome é Ana Paula e não Ana Rita.

67

Ele riu, safado:

– Ana Paula, Ana Rita, todas começam com Ana.., dá no mesmo.

– Como você é desprezível!

– Segundo me lembro *cê* usava *umas palavra* mais *doce* para falar comigo.

– Se usei foi porque era tonta demais.

– Não foi por isso não, cê sabe que não! Foi porque estava gostando muito de estar na minha companhia. E se eu fosse você aproveitava esse nosso encontro para sair da seca. Pelo seu rosto pálido, esses seus olhos vermelhos e esbugalhados você deve estar sem um homem faz tempo.

Eu zás, dei-lhe um tapa na cara. Algo que há muito deveria ter feito. Alisando a bochecha com seus dedos longos, ele brincou:

– Tapinha de amor não dói.

Segurou-me num repente e tentou me beijar à força. Restou-me apenas a alternativa de lhe cuspir na cara. Ao perceber que de nada serviu o cuspe. Dobrei o joelho e acertei com tudo suas partes íntimas. Aí não teve jeito. A dor o fez me soltar e me xingar com um monte de palavrões que não vale a pena repetir aqui.

Assim que cheguei em casa, o Décio imediatamente percebeu que algo me afligia. Relatei, sem omitir uma vírgula, o encontro surpresa que tivera há pouco com o Marcão. Ao término da narração, eu estava literalmente arrasada.

– Que filha da mãe, hein? – comentou Décio, pasmo.

– Um tremendo filho da mãe! – concordei, percebendo que suava em profusão.

– Você podia ter escolhido um cara melhor para se envolver, hein, Ana Paula?

– Eu sei. Mas ele me parecia tão sincero. Mas acho que todo homem possui esse dom de iludir as mulheres, digo, todo homem cafajeste.

– O que pretende fazer?
– Com ele, nada! De que adiantaria?
– Quer que eu e o Marcelo demos uma tunda nele? Uma coça?!
– O Marcão tem quase dois metros de altura, é capaz de abater vocês dois com duas simples cotoveladas.
– Somos bem fortes, maninha, sabia?
– Esqueça. Tenho problemas piores para resolver. Quanto mais eu ignorar o Marcão, melhor. Quero esquecer que ele existe, que um dia fez parte da minha vida.

Limpei a garganta, que, de nervoso, parecia haver uma espinha ali, cravada.

– Só sei que foi muito perturbador reencontrar o Marcão, Décio. Muito perturbador, mesmo – disse eu com um arrepio provocado pela lembrança.

A fim de mudar de assunto, ele me perguntou animando a voz:

– E quanto ao trabalho? Ao seu Antenor...

Suspirei.

– Não deu em nada.

– Não é de se estranhar. Depois de você ter posto a empresa dele no *pau*.

Senti um arrepio.

– O que foi?

– Estou desesperada.

Décio segurou a minha mão com carinho.

– Acalme-se, Ana Paula. E conte comigo para o que der e vier.

Sorri, mas algo dentro de mim ainda se mantinha inquieto, receoso.

Mamãe se alegrou ao ver a filha e o filho conversando com interesse.

– E então, Ana Paula? – perguntou-me sem esconder a ansiedade.

Percebendo a tristeza que avermelhava meus olhos, mamãe estremeceu. Aprofundou o olhar sobre mim e caiu num choro profundo. Sentou-se no braço de uma cadeira e falou, entre lágrimas, em tom de condenação:

– Eu avisei você para não mover o processo. Que não se deve...

– Sim, a senhora me aconselhou...

– E por que não me ouviu?!

– Porque...

Décio interveio:

– Querem parar vocês duas? O estilingue já atingiu a vidraça, agora é tarde!

Mamãe, entristecida, falou:

– Devemos contar até dez antes de tomar uma atitude.

É, minha mãe estava certa mais uma vez. Eu, que como todo adolescente se acha indestrutível e a que sabe tudo, dera mais um fora na minha vida.

Ao rever a minha adorável Patrícia lembrei a mim mesma que não podia esmorecer. Ela ainda precisava de mim. Muito!

Aquele fora, sem dúvida alguma, outro dos dias mais difíceis de minha vida. Quantos mais haveriam de existir? Nem uma bola de cristal poderia prever.

Todavia eu não podia esquecer da frase que melhor traduz o povo do nosso Brasil: "Sou brasileira, não desisto nunca!"

E não iria desistir nem que o mundo caísse sobre mim.

9
Entre beijos de despedidas

Nos dias que se seguiram continuei procurando por um emprego, digno, que pudesse me levar a uma condição de vida dez mil vezes melhor do que a que nos encontrávamos.

O máximo que consegui foi o cargo de doméstica ou de faxineira numa das empresas que visitei.

Dias depois, algo inusitado aconteceu comigo. Chegada de mais uma via-sacra pela cidade em busca de um emprego, passei na padaria para comprar os pães pro lanche da noite.

– A moçoila tem um minutinho para ter cá comigo uma conversa? – perguntou-me seu Manoel, o dono da padaria, quando fui ao caixa pagar os pães.

– S-sim, tenho – respondi incerta do que deveria responder.

– Então me aguarde cá no escritório – falou ele indicando-me uma porta, com seu sotaque português carregado.

Ali entrei e ali esperei.

Logo, seu Manoel entrou na sala e notei a rigidez de seu andar. Ele não era exatamente um idoso, mas seu andar era de um.

Era um senhor de meia-idade, começando a engordar. O queixo era proeminente, os lábios ligeiramente grossos por sobre um bigode longo e abundante. As costeletas eram esbranquiçadas e volumosas.

Senti seus olhos agudos olharem para mim de cima a baixo. Ele passara a me olhar assim desde que eu entrara na puberdade, algo que sempre me incomodou, mas nunca comentei com ninguém para não criar confusão.

Ele acercou-se de mim e pôs uma mão amigável em meu ombro. Franzi o cenho, estranhando sua aproximação tão repentina, querendo me afastar, desaparecer dali o mais rápido possível.

Ainda que ele percebesse claramente que sua aproximação não me era desejada, sua mão apertou-me o braço na intenção de me fazer prestar atenção a ele.

– Ouça-me, Ana Paula. Soube que você está necessitada de dinheiro, é verdade?

– Não é bem de dinheiro, seu Manoel, de que estou necessitada. É de um emprego.

– Pois sim. Todavia, não tenho um para *te* oferecer, mas tenho uma proposta excelente para *ti* que poderá ajudá-la muito.

Ele aproximou o rosto para mais perto do meu, tão perto que pude sentir a intensidade de suas emoções. Seus olhos estavam semicerrados.

– Vou lhe dar uma boa quantia para que possas começar teu negócio, menina. E quando digo "dado" é dado, não é emprestado. A rapariga não *terás* de me pagar nadíca de nada.

Não consegui esconder o ar de felicidade que a oferenda provocou dentro de mim.

– Talvez tu aches a minha proposta uma proposta indecente, mas... é que eu sempre tive uma queda por ti, menina. Tu és uma gracinha, sabes...

– O senhor por acaso está...

Não consegui terminar a frase. Pelo olhar do português tive a certeza de que era aquilo mesmo que ele estava me propondo.

– O senhor não pode estar falando sério!

– Nunca falei tão sério em toda a minha vida. Sempre tive fama de pão-duro, o que é bem verdade, mas por ti, rapariga, sou capaz de abrir a carteira... Tu vales a pena, Ana Paula. Apesar de já ter sido de um gajo...

Dessa vez eu não me segurei. Dei um tapa com toda força de que dispunha naquela cara bolachuda do português safado.

Massageando o rosto onde eu o havia acertado, o português me amaldiçoou:

– Tu vais voltar até mim, implorando para que eu te repita a minha oferta. Só que desta vez, não estarei mais disposto a pagar a quantia que te ofereço agora.

Saí da padaria, sentindo-me sufocada. Parecia até que eu havia mergulhado e ficado submersa por mais tempo do que podia.

– Que homem nojento – desabafei, cuspindo a saliva amarga que se espalhou pela minha boca.

Francamente eu ainda custava a acreditar que o seu Manoel, pai de família, houvesse chegado àquele ponto. Isso só servia para assegurar mais uma vez que homem nenhum prestava. Nenhum, mesmo!

Cheguei em casa, esbaforida. Com o saco de pão todo amassado. Acharam estranho a minha reação, mas inventei uma desculpa qualquer para explicar o fato. Jamais falaria a respeito da proposta, minha mãe conhecia a esposa do seu Manoel do grupo de oração, meus irmãos eram amigos dos filhos dele.

Brinquei com Patrícia para esquecer o episódio e esqueci.

Nas semanas que se seguiram eu estava envolvida numa atmosfera febril, do tipo "resolva logo seus problemas de hoje, porque amanhã pode ser tarde demais".

Pensei em tomar um navio, na esperança de que encontrasse um homem rico que me livrasse do caos emocional e existencial, e da miséria, obviamente. Quanto mais a vida nos é cruel, mais e mais queremos fugir para um mundo de sonhos e fantasias, não?

Estava eu procurando relaxar, para deixar a tensão se esvair de dentro de mim, quando, de repente, uma ideia para me tirar do desemprego e da miséria surgiu. Uma idéia ousada, mas a meu ver a única solução para conseguir um futuro melhor para mim, minha filha e minha mãe.

Assim que tive a oportunidade de falar a sós com mamãe, falei do plano que tinha traçado para abrir as portas da felicidade e da prosperidade para todos nós.
— Mamãe, eu estava pensando...
— Acho melhor você não pensar em mais nada, Ana Paula. Tudo o que pensou até agora deu errado.
— A senhora tem razão, mas não posso ficar parada. Tenho de reagir, afinal, tenho uma filha para criar e...
— O que pretende?
— Bem... A senhora não vai gostar nadinha do meu plano, mas...
— Se não vou gostar nem me fale.
— Eu preciso, Dona Rosa. É, a meu ver, a minha única saída.
Mamãe suspirou e amarrou o cenho.
— Diga — falou, com ares de quem não iria se opor a qualquer coisa que eu dissesse.
— Bem, eu nem sei por onde começar... Tem a ver com o papai.
Mamãe arrepiou-se e fez menção de deixar o aposento.
— Por favor, mãe, ouça-me! É importante.
— Nada do que diz respeito ao seu pai é importante para mim.
— Diz respeito a mim. O papai, nesse caso só entrará como uma ponte.
— Ponte?
— É modo de dizer.
Quando ela pareceu que me daria ouvidos novamente, expliquei:
— Quero ir tentar a vida na Europa. Se o papai está lá e acredito que esteja, talvez ele possa me receber até que eu consiga um emprego e possa me manter sozinha por lá.
— Você perdeu o juízo de vez?
— Não, mamãe! Muita gente vai para o exterior para se dar bem na vida e se dá.

– E quanto a sua filha? Suponho que a levará com você?

Essa pergunta me doeu fundo na alma.

– Não, mamãe. Não, até que eu tenha condição de sustentá-la por lá. Nesse caso conto com a senhora para ficar com ela e...

– Ana Paula, você seria capaz de abandonar sua filha...

– Não é abandono, é um sacrifício necessário para lhe oferecer uma vida mais próspera, uma vida mais digna no futuro.

– Você...

– Por favor, mamãe.

– Esqueça essa ideia maluca. Além do mais, você não tem dinheiro para fazer essa loucura...

– Por isso que preciso do papai...

– Aí é que está. Como pretende descobrir onde ele se encontra se ele nunca nos mandou notícias?

– Com a vovó Eduarda. Tenho certeza de que ela tem o endereço dele na Europa.

– Se é que ele está mesmo na Europa.

– Esteja onde estiver ela o tem.

– Ela não o dará. Rabugenta como é, é capaz de pôr você para fora da casa dela, com uma vassoura quando for pedir-lhe informações.

– Não custa tentar.

Mamãe bufou. Eu também. E cada uma por um motivo diferente.

– Será que vale mesmo a pena todo esse sacrifício?

– Valerá. Muita gente faz esse sacrifício e volta para o Brasil muito melhor do que foi.

– Isso é loucura.

– Mãe, eu preciso tentar.

– Você é quem sabe. Se é assim que quer...

– A senhora cuida da Patrícia por mim?

– Cuido.

– Prometo mandar-lhe dinheiro todo mês. Não quero que nada falte a ela.

75

Mamãe riu, um riso desconsolado.
– O que foi?
– Estou pensando no modo que a sua avó vai reagir quando você procurá-la.
– Eu já passei por poucas e boas, não será isso que vai me destruir agora.

No dia seguinte encontrei minha mãe chorando na cozinha.
– O que foi? – perguntei assustada.
– Não dormi à noite.
– Por quê?
– Por sua causa.
Olhei assustada para ela. Entre lágrimas e rouquidão ela se explicou:
– Sabe o que foi acordar um dia e ouvir seu pai, meu marido, o homem que eu amava dizer: "vou ali na padaria comprar um cigarro e volto já" e nunca mais voltar? E você pensar o pior, pensar que foi morto por um bandido, assassino, que você agora está desamparada, com três filhos para criar, não sabe como dar a notícia a seus filhos sem traumatizá-los pelo resto da vida e, de repente, um belo dia, após tanto sofrimento, você descobre que o homem por quem você chorou, descabelou-se, aguardou dia e noite, ansiosa e esperançosa, com o terço na mão para que a polícia o encontrasse, na verdade, foi embora para a Europa disposto a nunca mais voltar, tampouco ajudar sua família no Brasil?

Eu me senti péssima. Um horror. Teria sido, talvez, na minha ignorância, menos dolorido para mim se eu soubesse que ele havia tido um envolvimento com outra mulher do que ter feito o que ele fez. Sumir, sem ter consideração alguma por nós.

Mas nada foi mais cruel para mim do que saber que a família dele, seus avós, tios sabiam de seus planos e fingiram não saber. Isso foi para mim outra punhalada nas costas, jamais pensei que eles seriam capazes de mentir para mim, acobertar um safado como o seu pai.

O mais triste e chocante é que nenhum deles me estendeu a mão, financeiramente, quando tudo isso aconteceu. Nem um saco de arroz, nem de feijão foram capazes de me dar para alimentar você e seus irmãos.

Então, eu lhe pergunto Ana Paula: você tem certeza mesmo de que quer ir atrás do ordinário do seu pai? Um homem que se tornou um pesadelo na minha vida? Uma pessoa cujo rosto, que de uma hora para outra, transfigurou-se, não era mais de quem eu pensava conhecer?

– É a minha única escolha, mamãe.

– Filha...

– É a única forma, acredito eu, de poder dar um futuro melhor para a minha filha e para a senhora também.

– Foi na igreja que eu me segurei, Ana Paula. Faça o mesmo.

– A igreja nos faz bem, sim, mamãe, não nego. Mas a prosperidade depende do esforço pessoal de cada um.

– E você acha, Ana Paula, que seu pai, aquele demônio, vai recebê-la em sua casa na Europa? Vai estender-lhe a mão quando mais precisa? Eu não contaria com isso. Não conte com isso, ouça o meu conselho. Não confie nele. Nem o demônio é tão vil quanto seu pai, acredite-me. O demônio pelo menos se mostra por inteiro, seu pai, é duas caras, falso e fingido, dissimulado.

– Eu preciso arriscar, mamãe.

– Você vai se decepcionar mais uma vez.

– Que seja assim. Se me decepcionar, tudo bem, o importante é que tentei. Pelo bem da Patrícia.

– E você vai aguentar viver longe dela?

– Vai ser difícil, mamãe... Muito difícil, eu sei. Mas é um sacrifício que no final valerá a pena, pois dará chance à Patrícia de, no futuro, ter uma vida melhor, estudar num bom colégio, formar-se.

– E você acredita mesmo que uma brasileira pode mesmo enriquecer na Europa?

– Sim, mamãe. Lá se paga bem. Até mesmo uma faxineira ganha o suficiente para, no futuro, comprar uma casa. Pelo menos é o que eu ouço todo mundo dizer.

– Vale mesmo a pena fazer tamanho sacrifício?

– Em nome da minha filha, vale. E pela senhora também.

Mamãe fez ar de interrogação. Continuei, empolgada:

– Quero comprar uma casa para a senhora e para a Patrícia morarem.

– Você acredita mesmo que tudo isso seja possível?

– É claro que, sim.

Mamãe chorou.

– Vou sentir tanto a sua falta, Ana Paula.

– Eu também, mamãe.

Nós duas nos abraçamos.

– Você ainda não me disse como pretende conseguir o dinheiro para pagar a viagem.

– O Décio vai me emprestar.

(O trecho abaixo se perdeu, vou encaixar)

É lógico que pelas costas, as amigas da mamãe, do grupo de oração, falavam mal de nós. Diziam que minha vida desandou por eu ter feito o que fiz (me entregado para um homem) sem ter-me casado.

Assim que minha mãe pôs a boca no mundo lá em casa, o Décio veio me procurar para saber mais a respeito.

– Você vai mesmo para a Europa, mana? – perguntou-me, com um leve toque de tristeza na voz.

Fiz que sim, com a cabeça.

– Você acha mesmo que é uma boa ideia? Acredita mesmo que o papai vai recebê-la por lá?

Repeti o gesto.

– Tenho de acreditar em alguma coisa, Décio. Todos têm, senão...

Aproximei-me dele, mirei seus olhos e falei:

– Promete que vai cuidar da mamãe e da Patrícia para mim?
Ele assentiu, mordendo os lábios para não chorar.
– Que bom. Conto com você.
Limpando o canto dos olhos, firmando a voz, ele resolveu quebrar a tristeza com seu bom humor:
– Se a vida por lá for realmente boa como dizem, me fale, quem sabe não me mudo para lá também?
– Direi.
Houve uma breve pausa até que ele me perguntasse o que eu mesma ainda me perguntava:
– Você não me disse como pretende pagar a viagem.
Lá fui eu com uma nova mentira para o meu próprio bem.
– A Selma vai me emprestar o dinheiro.
– A Selma?! Mas ela tem dinheiro guardado para isso?
– A Selma?! – ri, fingida. – Se faz de pobre para não ser assaltada por aí, por isso você tem essa impressão. Todos têm, na verdade.
– E como pretende pagá-la?
– Assim que firmar num emprego na Europa lhe pagarei. Lá se ganha bem, com um salário de lá, dá para fazer muitas coisas aqui.
– Será mesmo que é tudo assim tão fácil como dizem?
– É. Se não fosse, não tinha o tufo de brasileiro ilegal espalhado pela Europa, Estados Unidos e Japão.
– Nesse ponto você tem razão.
Sorri. Ele retribuiu o sorriso tão triste quanto o meu.
– Só mais uma coisa – acrescentei. – Se a mamãe lhe perguntar se irei com o dinheiro que você vai me emprestar de suas economias, confirme. Não pude dizer que seria com o da Selma, você sabe que ela não gosta de me ver pedindo dinheiro emprestado aos outros.
– Eu sei. E ela já me perguntou e eu confirmei por achar que devia.
– Obrigada.

Mirando fundo em seus olhos fiz um pedido muito sério:

— Torça por mim, Décio; pois o meu sucesso será o sucesso de todos nós.

Ele me abraçou e derramou o pranto contido até então. Pra quê? Assim que percebi que ele chorava, chorei também.

O próximo a me questionar a respeito de minha ida para a Europa foi Marcelo.

— E desde quando a Selma tem dinheiro?! — exaltou-se ele assim que lhe contei que pediria dinheiro dela emprestado.

— Tendo, oras — falei, em meio a um sorriso fingido.

— Se eu soubesse teria escolhido ela para ser minha namorada. Não sei se te disse, mas ela já deu em cima de mim, sabia? Eu só não quis nada com ela por achá-la feia e pobretona. Se ela tentar de novo, juro que sou capaz de aceitar agora que sei que ela guarda uns bons trocados no banco.

Torci o nariz. Marcelo também. Então, subitamente, começou a caçoar de mim.

— *Cê* é muito tonta mesmo, Ana Paula. Primeiro caiu na lábia do pai da tua filha. Depois jogou pro alto um *empregaço* para perder tudo que recebeu na volta do Paraguai. Agora acredita que o pai, o nosso pai, aquele que fugiu de casa, nunca nos deu notícia, nem sabemos se está vivo, vai ajudar você. Você é muito sonhadora, Ana Paula. Um pezinho na realidade não custa nada não, viu, fia?

— Papai está lá, na Europa, tenho a certeza disso. E ele vai me ajudar. Disso estou tão certa quanto o fato de que vou ficar rica por lá.

— Primeiro você tem de convencer a jararaca da nossa avó a lhe dar o endereço dele.

— Ela me dará. Pedindo-lhe com jeitinho, ela me dará.

Marcelo fez ar de zombaria outra vez.

A verdade é que não havia Selma alguma. Eu mal fazia ideia de onde e como eu arranjaria o dinheiro para a viagem. Isso eu deixei para pensar depois que conseguisse o endereço do meu pai.

10

A última esperança

Na casa de minha avó paterna o que mais me surpreendeu foi ver a foto de meu pai sobre um console. Havia se passado tanto tempo desde que eu o vira, tanto quanto uma foto dele, que havia, sem perceber, me esquecido de sua fisionomia.

Parei por instantes para admirar o retrato. Era o retrato de um homem grande, de penetrantes olhos escuros, olhos faiscantes que pareciam prender os meus. Sua vitalidade e poder pareciam emanar da foto.

Eu, certamente, era de todos os filhos quem mais puxara a ele fisicamente. Lembrei-me, então, de minha mãe num de seus acessos de loucura, rasgando o álbum de seu casamento e todas as fotos em que ele aparecia ao nosso lado. Rasgara tudo com tanto ódio que chegara a machucar as mãos com seus gestos bruscos. Foi uma choradeira só, naquele dia, em casa, eu e meus irmãos por vê-la naquele estado e por certa pena de meu pai.

Ao me ver entrando, vovó estremeceu ligeiramente e se mostrou visivelmente desconfortável com a minha presença.

– Vovó... – disse eu um tanto insegura.

– O bom filho a casa torna – murmurou ela olhando-me com desconfiança.

– Como vai?

Ela estendeu-me a mão sem muita vontade.

Beijei-a, enquanto ela dizia:

— Indo. Empurrando essa vida com a barriga.

Olhando-me de cima a baixo, meio de soslaio, ela falou:

— Soube que virou mãe solteira, é verdade? Bem feito para a sua mãe. Sempre cheia de pudores... de perfeição... por falar nela, como vai aquela ingrata?

— Mamãe está bem.

— Não lhe mande lembranças, pois sei que ela não me mandou. Agora diga, o que quer aqui? Para ter vindo, depois de tantos anos, só pode ser por interesse. Vá direto ao assunto, porque daqui a pouco começa a minha novelinha...

— A novela da seis ainda demora para começar.

— E desde quando só existe novela das seis, das sete e das oito? Essas novelas brasileiras estão cada dia mais sem graça. Novela boa para mim são as mexicanas, essas, sim, têm emoção.

— Já que a senhora me pediu para ir direto ao assunto, bem... Vim aqui pedir-lhe o endereço do meu pai.

A mulher se mexeu toda na poltrona.

— Sei que a senhora o tem, que mantém contato.

— Quem lhe disse isso? Aposto que foi aquela linguaruda da Neide. Só pode.

— Por favor, vovó.

— É incrível como as pessoas amaciam a voz quando querem conseguir algo de alguém, não? Exatamente como você está fazendo agora.

Lançando me uma nova mirada de cima a baixo, com puro desdém, vovó indagou:

— Por que você quer o endereço?

— Quero tentar a vida na Europa.

Após eu apresentar motivos de sobra para a minha ida ao continente, minha avó paterna foi mais uma vez curta e grossa para comigo:

— Sua ida até lá só vai servir para dar dor de cabeça ao seu pai. Por isso não vou lhe dar endereço algum. Esqueça.

– Vovó, por favor. Sou filha dele...

– Deixe meu "menino" em paz. Já não basta o transtorno que você, seus irmãos e sua mãe lhe deram durante todos aqueles anos? O pobre coitado trabalhava dia e noite, enquanto sua mãe gastava e gastava o salário que ele suava para conseguir. Aquilo não era vida. Bem feito para vocês ele ter ido embora. Achei é pouco. Principalmente para a sua mãe. Foi bom inverter os papéis para que ela pudesse sentir na pele o que é trabalhar para sustentar uma família e valorizar o marido.

"Sogra e nora, realmente não se entendiam", pensei com meus botões.

– Por favor, vovó. Eu só quero a ajuda dele por lá até que eu consiga um emprego para poder pagar um local pra morar. Por favor!

Ela continuou negando com a cabeça.

– Não... não... e não!

– Por favor! Quando perdi a paciência, falei, austera:

– Pois eu não saio daqui enquanto a senhora não me der o bendito endereço.

– Vai cansar de esperar. E se não for embora, agora, eu chamo a polícia.

– Pois que chame!

A mulher emburrou ainda mais e o clima entre nós piorou. Então, para minha sorte, avistei a agenda telefônica da vovó em cima do console, corri até lá e procurei pela letra P.

– Tire as suas mãos daí agora mesmo! – berrou minha avó.

Peitando-a com o olhar, arranquei a página onde estava escrito o endereço e o telefone do papai e me mandei de lá. Não antes, obviamente, de agradecer-lhe.

– Obrigada, vovó. Eu sabia que podia contar com a senhora.

– Sua ladra! – berrou a mulher, cuspindo ódio. – Devolva-me essa página, é o único lugar onde guardo o fone e o endereço do meu filhinho amado.

Não lhe dei ouvidos. Saí da casa feito um furacão.

– E agora?! Deus, meu! E agora?! – me perguntava assim que alcancei a calçada. – Só falta eu arranjar o dinheiro para pagar a passagem e poder me virar em Paris até que eu consiga um emprego. A quem devo pedir emprestado? A quem? Alguém aí de cima me dê uma luz.

Mas a luz veio de baixo, se é que me entendem?

Assim que voltei para a casa, mamãe quis saber a respeito da minha visita a vovó.

– Quer dizer então que você conseguiu, Ana Paula? Parabéns! Pensei que sua avó jamais lhe daria.

– Lógico que me daria, mamãe... Vovó é um doce de mulher. A propósito, ela lhe mandou lembranças...

Mamãe parou o seu tricô, voltou a olhar para mim e perguntou:

– Lembranças para mim?! Sua avó?!...

Concordei com a cabeça, fingida como nunca. Mamãe fez ar de paisagem. Por nenhum momento percebeu minha ironia. Minutos depois, falou:

– Quer dizer que você vai mesmo para a Europa.

Antes mesmo de eu confirmar, ela disse:

– Quer dizer que o pai de vocês ainda está vivo...

Ela voltou a baixar os olhos, ergueu-os novamente, havia agora quase um apelo em seu olhar, pareceu-me que fosse me dizer alguma coisa, mas se ia, mudou de ideia, suspirou e voltou a tricotar.

Fui até a janela e pus-me a olhar para o céu. Meus olhos iam de estrela em estrela como que buscando um sinal, uma luz que me guiasse, que me tirasse do fundo do poço no qual o amor, o maldito amor havia me arremessado.

A pergunta não parava de ecoar em minha mente: "E agora?! Deus meu! E agora?! Só falta eu arranjar o dinheiro para pagar a passagem e poder me virar em Paris até que eu consiga um emprego. A quem devo pedir emprestado? A quem? Alguém aí de cima me dê uma luz."

Fiquei aguardando desde então...

A proposta, a maldita proposta daquele português bigodudo nojento, então, voltou a ecoar na minha cabeça. Como podia ter tido a audácia de fazer-me uma proposta indecente como aquela? Mamãe era amiga de sua esposa, meus irmãos de seus filhos desde criança e, mesmo assim, teve a capacidade de... Era terrível pensar que pudera me propor aquilo... quase que debaixo dos olhos dos filhos e da esposa.

Depois de muito refletir para encontrar uma saída para o meu caso, tomada de ansiedade e desespero, cheguei à conclusão de que só me restara o seu Manoel mesmo, para me ajudar. Cheguei a acreditar que, talvez, ele me ajudasse sem pedir meu corpo em troca, por isso fui atrás dele.

– Seu Manoel... eu queria falar com o senhor em particular. – disse eu, sem jeito, quase encabulada.

Ele me lançou um olhar de superioridade, um olhar de esguelha.

– Pois bem, diga.

– Não aqui. Num lugar mais discreto, por favor.

Ele me arremessou um daqueles seus sorrisos estranhos, aquele mesmo que eu já notara anteriormente.

– Mudaste de ideia, não foi, rapariga?

Senti seus olhos agudos olharem para mim de cima a baixo.

– Pois bem, lembra-te bem do que te disse naquele dia, não? Ao término da nossa conversa.

– Sim. Lembro-me bem. Mas...

– Não volto atrás na minha decisão.

Sem mais delongas fomos para o escritório conversar onde expus a minha ideia de lhe pedir dinheiro emprestado para fazer a viagem e pagá-lo depois. O homem faltou só me arremessar uns tabefes. Expulsou-me da padaria, pedindo-me para nunca mais aparecer por lá.

Que situação. Eu agora estava definitivamente perdida. E agora, quem me emprestaria o dinheiro? A meu ver, ninguém. Lá se ia meu futuro tão sonhado na Europa.

...

Dias depois, voltava eu à padaria, como se diz, com o rabo entre as pernas. Ao me ver, frente a frente, seu Manoel olhou-me com um prazer mórbido.

– Voltaste, rapariga?

Havia satisfação em sua voz. Na minha havia apenas tristeza.

– Voltei, seu Manoel – balbuciei.

– Eu sabia que voltarias, rapariga. Manoel jamais deixa um desaforo sem troco.

– Eu preciso muito do dinheiro. Muito, mesmo.

– Eu avisei à rapariga que não pagaria mais a quantia que estava disposto a pagar no início, não avisei?

– Sim. Mas...

O homem exibiu a dentadura num sorriso malicioso.

– Mas vou ser bondoso contigo. Pagarei o mesmo que pretendia, tu vales a pena.

Eu era tão boba nessa época, tão inocente, que jamais me passou pela cabeça que o português safado estivesse me enrolando. Ele nunca chegara a me dizer quanto pretendia me pagar, então como eu poderia saber que era o mesmo valor da primeira oferta?

– Só quero que o senhor saiba que estou fazendo isso porque...

– Poupe-me, dos pormenores. Amanhã, às quatro, encontro com você no Motel das Flores. Aqui está o endereço. Vá perfumadinha, adoro mulher perfumada.

Fitei-o com um ar de quem está mesmo querendo entender. Ele prosseguiu:

– Compreendeste?

Assenti, entristecida.

Voltei para casa preocupada. Morrendo de medo que alguém descobrisse o que eu estava prestes a fazer por dinheiro.

No motel...

Na hora combinada me encontrei com o português.

Não parecíamos duas pessoas andando normalmente. Havia algo de irreal sobre nós, como se fôssemos dois fantasmas.

Assim que entramos no quarto, de luxo, seu Manoel apertou os interruptores e as luzes se acenderam nas paredes e nas mesas. As paredes eram pintadas de vermelho e o teto era todo espelhado. Havia um perfume de flores, pairando no ar.

— Vamos deixar o ambiente a meia luz para tornar mais romântico.

Ficou quieto por um instante como se estivesse ouvindo algo e depois veio direto para o meu lado.

— Você está um *pitelzinho*, Ana Paula.

Era odioso para mim estar ali me vendendo para um homem, ainda mais para um senhor, conhecido de minha família... Senti meu estômago embrulhar e temi que vomitasse repentinamente a qualquer hora.

— Com essa quantia você vai poder *rosetar* muito por aí, até mesmo pelo Rio de Janeiro.

— Essa quantia não é para eu rosetar, seu Manoel. É para eu poder ir a Europa e...

— Chega! Você já me falaste a respeito, agora vamos ao que interessa. Vais tirando a *roupitcha* enquanto eu tiro a minha.

Ainda que ele percebesse em meu olhar o quanto aquilo estava me doendo por dentro ele me arrastou até a cama.

Estava prestes a me deitar quando lembrei-me de pedir-lhe o dinheiro. Era importante, vai que depois ele não quisesse me pagar.

— Seu Manoel, o dinheiro, por favor.

— Dinheiro?! O dinheiro fica pra depois.

— Eu prefiro receber agora.

Ele respondeu, franzindo o cenho:

— Primeiro os seus serviços, depois o pagamento.

Espichando-se na cama, acrescentou:

— Relaxas, gazela, e vem cá, vem...

Ele desamassou uma almofada, sorriu para mim, mostrando sua dentadura reluzente e fez sinal com a mão para que eu aproximasse. Todavia, não consegui. Insisti:

– Primeiro o pagamento, seu Manoel. Já fui enrolada por um homem, anteriormente, não quero ser novamente.

Ele bufou.

– Está bem, está bem! Pois aqui está a quantia que te prometi.

Conferi nota por nota. De fato, estava tudo ali.

A voz dele me trouxe de volta à realidade.

– Agora vem pra cá, vem, rapariga! Vem fazer este português feliz. Vem!

Não vou descrever em detalhes essa cena que há muito, com grande esforço, apaguei de minha memória. Só vou-lhes contar que nem bem o português me tocou, seu rosto adquiriu uma coloração vermelha e seus olhos se esbugalharam de forma assustadora. Subitamente ele desabou sobre mim.

– Seu Manoel – murmurei querendo me livrar do seu peso. – O senhor está me sufocando. Levante-se, por favor.

Mas o homem não se movia.

– Seu Manoel, por favor.

De repente, eu estava cara a cara com ele, olhos nos olhos. Só então me toquei que ele estava morto. Eu quis gritar de pavor, mas me contive. Se fosse descoberta ali com ele poderia ser acusada de tê-lo matado, seria um escândalo, uma vergonha tamanha. Por isso, usei toda a força que tinha para tirar o homem barrigudo e nu de cima de mim.

Quando levantei, eu tremia por inteiro e suava como se tivesse num deserto de sol a pino.

– E agora? O que faço?

Meu desespero se agravou.

– Será que ele está morto, mesmo?

Curvei-me sobre o cadáver o e o chamei:

– Seu Manoel. Seu Manoel!

Cogitei a hipótese de ele ter desmaiado e não morrido. Por isso, chacoalhei-o enquanto repetia o seu nome. Nada. Nem um movimento.
– E agora? E agora?
Eta perguntinha que vivia a saltar dos meus lábios, hein?!
Antes que alguém me pegasse ali, vesti minha roupa e quis evaporar dali.
Ao chegar à porta, fiquei parada um instante, olhando para trás de uma maneira horrorizada. Ia deixando o local quando me lembrei do dinheiro. Eu tinha de pegá-lo, afinal, não tive culpa se ele perdera os sentidos antes de consumar o ato pelo qual pagou.
Antes que o remorso e o sentimento de culpa por não ter chamado socorro para acudir o português me acompanhassem pelo resto da vida, corri até a portaria do motel e falei sobre o acontecido. Logicamente que pus meus cabelos para frente e coloquei os meus óculos escuros. Assim, ficaria mais difícil de me reconhecerem caso quisessem, no futuro.
Deixei o local a pé, tropeçando por entre moitas à beira da estrada. Pingando de suor e com o medo pavoroso de que alguém me assaltasse e levasse o dinheirinho que eu tanto precisava para ir tentar a vida na Europa.
Por sorte, nada aconteceu.
À noitinha, a notícia de que o seu Manoel da padaria havia morrido de infarto fulminante, no motel, espalhou-se pela cidade. Todos queriam saber o nome da jovem com que ele foi parar no local, se era prostituta ou alguém da própria cidade. Deus quisesse que ninguém descobrisse que fui eu, escandalizaria a todos.

O dia da viagem se aproximava. O medo de eu estar num novo país começou a tirar as minhas noites de sono. A dor de ter de me separar de minha filha, também. Era doloroso demais saber que ficaria longe dela, por um, dois, sabe lá quantos anos, até que eu me estruturasse na França.

Ainda não sabia se havia tomado a decisão certa. O tempo se encarregaria de mostrar.

Quando o dia do embarque chegou, por diversas vezes eu pensei em desistir da viagem. Abraçava Patrícia com tanta voracidade que a menina começou a ficar incomodada.

Mamãe, então, aproximou-se de mim e disse:

– Ana Paula, se é isso mesmo o que você quer, pelo bem de sua filha, vá! Mas vá em paz, pois eu, Décio e o Marcelo estaremos cuidando de sua filha com todo amor do mundo. Permaneceremos com seis olhos sobre ela, se preciso for.

– Oh, mamãe...

– Lembre-se, Ana Paula. Se você não se acostumar por lá, volte para cá. Apesar das condições humildes em que vivemos, aqui é e sempre será o seu lar.

Não me contive mais. Abracei mamãe e chorei em seu ombro. Sabia que ela se segurou para se mostrar forte perante a mim, para me dar a coragem necessária para partir. Com Décio chorei outro tanto, com Marcelo mais um tantão. Tive de ser forte, muito forte para me despedir de minha filha e seguir o rumo que eu havia traçado para mim, para nós, por um futuro melhor para todos.

Foi Décio quem me levou para o Galeão. Quis ir só com ele para não me sentir frágil, novamente, na hora de partir.

– Vôo 998 para Paris. Air France. Por aqui, façam o favor.

As pessoas na sala de espera ergueram-se.

"Chegou a hora!", comentei comigo mesma.

Eu deveria ter me levantado, apanhado minha bolsa e acompanhado os outros passageiros para a fila do "check in". O frio na barriga me fez permanecer sentada na poltrona, sentia-me como um pêndulo oscilando entre o sim e o não, o longe e o perto, a vontade de vencer e o medo de dar tudo errado outra vez.

"Vamos lá, Ana Paula... Força! Você está indo para o continente onde a oportunidade financeira fez sua morada. Será uma vida nova. Longe, bem longe de todo aquele peso, o terrível peso da miséria e da frustração. Não mais haverá sobre sua cabeça um céu cinzento e sem esperança. Acredite! Força!"

Não restava mais quase ninguém na fila de embarque, quando eu, finalmente, me levantei e segui para lá.

"Sou brasileira", repeti interiormente para me dar mais coragem, "não desisto nunca!".

Restou-me apenas aconchegar-me melhor dentro do meu casaco de pele falsa. A única peça sobrevivente da minha decepcionante viagem para o Paraguai. Toda vez que me lembrava disso, sentia um ódio tão grande por ver a polícia, confiscando tudo que eu havia comprado com tanto sacrifício. Arremessando no abismo os meus planos de futuro, um futuro tão sonhado. Tão necessitado.

Novamente me apeguei à frase-chave que me dava o otimismo, a força e a coragem para prosseguir: "Sou brasileira, não desisto nunca! Se consegui chegar até aqui, não será difícil chegar onde pretendo."

A todo instante me lembrava da beleza e da candura que vislumbrara nos olhinhos pretos e redondos de Patrícia. Era tudo o que levava de minha filha comigo para o continente distante e desconhecido. Além, é lógico, da extrema vontade de vencer e poder dar um futuro melhor a toda a minha família.

Acompanhei os outros passageiros em direção ao avião que nos esperava. Esse era o momento! Eu ia viajar, escapar daquele caos que se transformara a minha vida! Aquele choque com o destino, a amarga decepção com tudo. A escuridão da desilusão.

Curvei a cabeça para entrar no avião e fui acompanhada pela aeromoça até a minha poltrona. Pela primeira vez em vários meses, senti-me aliviada daquela opressão tão forte que parecia um sofrimento físico.

O ronco dos motores causou-me excitação. Parecia que o ruído iria se tornar ensurdecedor e logo aquela aeronave partiria em pedaços tamanho o som.

O avião começou a deslizar vagarosamente pela pista.

A aeromoça disse:

– Queiram apertar os seus cintos, por favor.

A seguir foram dadas as instruções para casos de emergência. Agora não tinha mais volta. Meu destino estava traçado.

O avião fez meia-volta e ficou aguardando permissão para partir.

"Paris", pensei aprumando-me na poltrona e apertando a bolsa contra o meu peito. "Não há mais volta... Agora seja o que Deus quiser...".

"E vai ser o que eu quero. Desta vez vai ser exatamente como eu quero..."

Frisei o "Eu" das duas frases.

As turbinas do avião aceleraram e logo o danado ganhava os céus. Meus ouvidos ficaram entupidos da mesma forma que sentia quando descia a serra para ir ao litoral.

Ao mesmo tempo que a viagem me parecia assustadora, era fascinante e excitante.

Logo foi servido o jantar. Percebi, então, que muitos passageiros se serviam de doses de uísque e vinho para relaxar a tensão e dormir. Talvez eu devesse fazer o mesmo.

O medo, a preocupação e toda a insegurança com o meu futuro acabou me levando à exaustão que me fez adormecer. Quando acordei já nos aproximávamos de Paris.

O avião levou algum tempo para aterrar. De repente, meu otimismo parecia ter naufragado novamente. O medo tomava conta de mim: e se der tudo errado?

A voz de Vera ecoou em minha mente vinda de algum lugar do passado: "seja otimista, sem otimismo não conseguimos as melhores coisas da vida."

Passei na imigração sem problemas. Logo me vi num táxi, com os pés e as pernas gelados, rodando lentamente através da fria e úmida névoa que cobria a cidade àquela hora. Jamais pensei que parte do dinheiro que eu levara na intenção de passar uma semana fosse gasta numa simples corrida de táxi.

A cidade era linda, meus olhos enchiam-se d'água por me ver ali naquele lugar que mais parecia um pedaço do Paraíso.

Para mim, tudo parecia irreal. Parecia que eu estava sonhando e, que, tudo que fez parte do meu passado, nunca existira. Havia se evaporado.

O bairro, onde meu pai residia, ficava bem longe do centro. Bem mesmo na periferia da cidade.

Logo o táxi parou em frente ao endereço que havia apanhado na agenda telefônica de minha avó.

Sua casa não era propriamente uma casa, e sim um trailer, tosco e envelhecido. Deveria ter pelo menos, uns trinta anos ou fora judiado em muito pouco tempo para estar naquele estado.

Toquei a campainha e aguardei, com o coração a mil.

11

Nem a distância nos separa...

Na primeira carta para minha mãe e meus irmãos. Contei tudo que havia se passado desde que chegara a Paris.

Querida Dona Rosa, Patrícia, Décio e Marcelo.
Espero que estejam todos bem por aí. Espero também que minha querida Patrícia esteja cada vez mais linda e saudável. Que não esteja sentindo nem sequer um décimo da saudade que estou sentindo dela. Mas nossa distância é só por um tempo. Só até eu prosperar por aqui e poder garantir um futuro mais próspero para todos nós.
O vôo foi ótimo. Sem nenhuma turbulência. Bem, se teve, não notei. Dormi a viagem inteira. Aqui ainda faz frio, é final de inverno, diferente de nós aí no Brasil.
Paris é linda. Merece o título de cidade luz.
Quanto ao papai, pasmem, me recebeu surpreendemente bem. É amoroso e compreensível, um homem bem diferente daquele que conhecemos no passado.
Apresentou-me uma das moças que trabalha na loja onde ele trabalha como segurança. De que adiantava se as únicas palavras que eu sabia em francês eram: *bonjour* e *l'amour*, pensei. Por sorte, no local, havia uma brasileira chamada Martina que logo se mostrou solidária a minha pessoa. Começamos a conversar muito e trocar ideias.

Ela me ofereceu seu apartamento para eu morar com a condição de racharmos as despesas. Aceitei. O local é ótimo. Papai quis que eu morasse com ele, mas achei que perderia sua privacidade, portanto...

Com toda paciência do mundo Martina está me ensinando um pouco de francês e conseguiu um emprego para mim na loja em que trabalha. É um emprego bem modesto até que eu aprenda a dominar a língua, aí, então, posso subir de posto e, consequentemente, ganhar mais.

A princípio é lógico que fiquei assustada com tudo isso. Com gente falando uma língua que eu não entendia patavinas, mas com o decorrer dos dias, das semanas, para ser mais precisa, fui me acostumando à nova vida que eu tivera de escolher para mim. Que eu fora, na verdade, forçada a escolher se eu quisesse criar um futuro melhor para mim e a minha família adorada. Especialmente para minha filha.

E falando nela, como ela está?

Se tivéssemos telefone em casa eu poderia ligar para falar com vocês. Mas em breve, muito em breve teremos. Aguardem. Só não dá para fazer ligações interurbanas constantes, pois segundo me informei elas custam um bocado.

Terminei a carta contando sobre a comida francesa, os franceses, os lugares que visitei e desejando tudo de bom para todos.

Com carinho,
Ana Paula Nogueira

Semanas depois, recebia uma carta de minha mãe.

Querida Ana Paula, que bom que chegou à França sã e salva. Muito me espanta saber que seu pai a recebeu de braços abertos e vem fazendo, desde então, tudo o que deveria ter feito por você, há muito tempo e não fez. Estou surpresa, deveras surpresa... Diziam que as pessoas podem nos surpreender, mas jamais pensei que isso seria verdadeiramente possível, pelo menos da parte de seu pai.

Por aqui vai tudo bem. Patrícia sempre pergunta sobre você, quando vai voltar e eu digo que será muito em breve. Pobrezinha, ela deve estar sentindo um bocado a sua falta, apegada como sempre foi a você, não é para menos. Mas fique tranquila. Eu, Marcelo e Décio temos dado toda atenção e amor de que ela necessita.

Não exagere no trabalho, trabalhe moderadamente para não adoecer de estafa. Trabalho é bom, mas demais é estafante. Na verdade, tudo em demasia nos faz mal.

No mais, espero que continue dando tudo certo para você como deu até agora e que tudo que sonhou se realize. Rezo para que isso aconteça todos os dias e há de acontecer. Deixo aqui a minha saudade, o meu amor e os meus mais sinceros votos de boa sorte. Que Deus a abençoe.

Com carinho, sua mãe.

Junto veio também uma carta do Décio me desejando também sorte, saúde e sucesso. Não poderia esperar uma de Marcelo, ele nunca a faria, nunca fora de escrever, tampouco de demonstrar afeto, contanto que estivesse cuidando de minha filha, para mim já era mais do que suficiente.

Respondi a carta da mamãe logo após terminar de lê-la. E foi assim que mantive contato com minha família. Por intermédio de cartas escritas com muito amor, enviadas, pelo menos uma, a cada mês. Às vezes substituída por cartões postais lindos da França.

Quando mamãe mandava uma foto da Patrícia eu chorava de emoção. Se fosse na época de hoje, que se tem internet e pode se falar e ver a pessoa por meio de uma *webcam*, tudo teria sido muito mais fácil. A tecnologia pode complicar, mas melhora, consideravelmente, certos aspectos da vida.

Noutra carta eu dizia:

O inverno rigoroso cai novamente em neve por aqui, branqueando tudo, gelando tudo, o físico e até mesmo a alma. Por isso, muitas pessoas, as mais sensíveis, tornam-se tão frágeis e suscetíveis à depressão nessa época. Confesso que a meu ver no meio da neve, achei o máximo, mas depois, sofri, sim, de certa depressão por causa dela.

Meses depois, escrevia uma carta que surpreendeu a todos lá em casa.
Queridas mamãe e Patrícia. Queridos Décio e Marcelo.
Espero encontrá-los gozando de perfeita saúde.
Tenho algo importante para lhes contar.
Ia saindo certo dia da loja onde trabalho como atendente, quando esbarrei com um rapaz alto, de rosto solene, que prontamente se desculpou.
"Pardon."
Depois lançou-me um olhar interessado e se aproximou.
"Aqui está o meu cartão, senhorita, e se eu puder ser útil a qualquer momento, entre em contato."
Ergueu a boina e partiu.
Olhei para o cartão, que ainda pude ler antes que o elegante rapaz se afastasse da frente da loja iluminada com luzes neon.
Minhas amigas, Martina e Majour ficaram imediatamente em alerta.
"O moço gostou de você, Ana Paula!", exclamaram.
Majour, sacudindo a cabeça amarelada, sugeriu:
"En profiter?!"
"Aproveitar?!", exclamei, que de tão sem graça avermelhei-me toda.
Enfim, deveria eu ligar para o francês ou não?
De tanto minhas colegas de trabalho insistirem, acabei ligando. Ele foi muito simpático comigo e me convidou para ir jantar com ele.
Eu não queria, não só por ser um estranho, mas por eu não saber me portar direito num restaurante. Ao menos achei que não saberia.

"Ele não é um estranho", comentou Martina. "É freguês da loja, esqueceu? Temos o seu cadastro, portanto, não há perigo algum."

"É casado?"

"Não! Solteiríssimo! Invista nele."

Liguei de volta, dizendo que aceitava ir ao jantar.

Senti-me quase despreocupada enquanto punha o vestido que Martina me emprestou, um lindo modelo adquirido numa boutique caríssima de Paris, e retocava a maquiagem antes de seguir para o jantar.

O restaurante estava quase lotado, quando cheguei.

Giulio parecia absorvido na leitura de um jornal francês, sentado em uma mesa junto à parede repleta de quadros. Assim que me viu, fechou o jornal, o pôs de lado, levantou-se e me indicou a cadeira para sentar. Jamais fora recebida por um homem com tanta elegância, jamais vira alguém tão entusiasmado por me ver quanto ele. A verdade é que eu também estava entusiasmada.

Trocamos aquelas típicas palavras de boas-vindas: "Salut! Ça va bien?" Depois me perguntou o que eu queria comer e beber. Como eu não fazia ideia, e não fazia mesmo, pedi a ele que sugerisse algo. O que ele fez brilhantemente.

Voltou-se então para o garçom e encomendou um bom prato francês e meia garrafa de vinho. Para mim, Água Perrier, apenas.

Sentia-me ligeiramente excitada com o encontro. Queria muito parecer relaxada, mas por mais que eu tentasse parecia cada vez mais nervosa. Pensei: "Que vergonha... Ele deve estar me achando uma otária."

Ele, percebendo meu excitamento com tudo aquilo, procurou me tranquilizar falando sobre amenidades.

O garçom trouxe o vinho e a água mineral, abriu a garrafa e, desejando-me *bon appétit,* retirou-se.

Só sei que o jantar foi divino, a companhia do Giulio foi maravilhosa. Voltei para casa me sentindo nas nuvens.

Desde então, Giulio e eu começamos a sair juntos. Ora para ir passear por Paris, noutras para ir ao cinema e restaurantes maravilhosos. Eu ia, porque ele fazia questão de pagar, ainda não estou ganhando o suficiente para fazer extravagâncias.

Num dos nossos jantares, diante da minha timidez, Giulio, sorrindo, comentou:

"Incrível, Ana Paula! Mesmo me conhecendo há semanas você ainda se mantém tensa ao meu lado."

Ri, sem graça, enquanto a vermelhidão cobria minhas bochechas.

"Relaxe", sugeriu ele, "Eu não sou nem nunca fui um lobo mau."

"Um, o quê?"

Ele tentou se explicar por meio de gestos.

Ri mais ainda de seu modo quase infantil para me fazer compreendê-lo.

Dispensando o riso da face, abrandando a voz, Giulio se declarou para mim.

"Eu não consigo entender o que você viu em mim...", disse eu, cabisbaixa.

Ele riu. Continuei:

"Falo sério. Há tantas garotas lindas espalhadas por Paris. Bem mais lindas do que eu, não consigo ver algo em mim que me diferencie delas."

Ele, com toda classe de um francês, respondeu:

"O que mais me chamou atenção em você é que existe paixão e coragem, e certamente, amortecido, mas não morto, um espírito alegre e valente, que gosta da vida e nada vai fazer para se perder dela."

Sorri, encantada. Ele, com voz empolgada, acrescentou:

"Acho que é a sua vontade de vencer que me atrai."

"Essa vontade de vencer é típica de nós, brasileiros. Há uma frase muito popular em meu país: "Sou brasileiro, não desisto nunca!"

99

Ele, corado, admitiu:

"Eu sempre desisto muito fácil de tudo que quero, principalmente com relação ao amor, mas você desperta em mim coragem para persistir."

Os pratos foram retirados a um simples aceno de sua cabeça. Depois do jantar, tomamos um café encorpado.

Pedi licença para ir ao toalete, um todo espelhado, lindo de se ver! Tirei da bolsa um batom rosado, última moda e retoquei meus lábios já primorosamente pintados. Fitei-me no espelho e sorri para mim mesma. Há tempos que não me sentia linda; e a sensação era muito boa de se ter.

Naquela noite, quando o Giulio me deixou em frente ao prédio onde eu dividia o apartamento com a Martina, ao dar-lhe um último adeus, ele retribuiu, sorrindo lindamente para mim. Tive a certeza, definitiva, de que a vida, finalmente, decidira sorrir para mim.

Eu estava feliz, verdadeiramente feliz, pois a vida estava sendo mais suave para comigo. Sempre ouvira dizer que a vida é um jardim florido, e desde então pensei que para mim só sobrariam as ervas daninhas ou o caule cheio de espinhos, jamais as lindas e perfumadas flores, de diversas espécies e cores... Agora sabia que havia exagerado mesmo, comprovei o fato semanas depois quando o Giulio me disse:

"Preciso pedi-la em namoro ou já está subentendido de que você é a minha namorada?"

Os olhos profundos de Giulio, de um azul esverdeado, sob as sobrancelhas regulares e escuras, tinham brilho e a chama da inteligência que muito me impressionam. Sua boca curvava-se ligeiramente para cima e era grande, denotando generosidade.

"Estou apaixonado por você, Ana Paula", desabafou.

Ao toque da sua mão, percebi que também havia me apaixonado por ele.

"Deus meu, estou apaixonada novamente e, dessa vez, por um francês", murmurei para mim mesma.

Meu coração batia rapidamente. Eu estava agora interessada e ansiosa por descobrir, ou melhor, redescobrir o amor ao lado de um homem, um que dessa vez me parecia, e muito, valer a pena.

Uma ou duas objeções voltaram a me perturbar a mente, mas procurei ignorá-las, concentrando-me em seus olhos lindos e profundos. Olhos que pareciam ter o poder de me hipnotizar de calma. Uma calmaria gostosa, pacífica.

Logicamente que nem tudo foram flores, semanas depois comecei a sentir algo estranho, uma espécie de fascínio e ao mesmo tempo de medo. Era por ansiedade? Só podia ser, era ela quem estava me tirando do prumo.

Logo descobri que me sentia daquela forma por medo de ser enganada outra vez por um homem, de ser feita de besta, vir a passar ridículo em suas mãos... Por isso, eu me sentia apreensiva.

Então, minha amiga e colega de quarto me deu conselhos bastante importantes. Lembrou-me que cada um é um, cada encontro uma história, que o mesmo raio não cai na cabeça da gente duas vezes. Que só saberemos se uma pessoa é boa ou não, convivendo com ela, não dá para prever, ninguém tem bola de cristal para consultar o futuro; o futuro se faz vivendo, esperando o melhor dele, com otimismo e fé.

Graças a Martina minha mente se abriu, permitindo que eu ficasse mais tranquila e não pusesse tudo a perder entre mim e o Giulio. Desde então, nosso namoro tem sido uma maravilha.

Na próxima carta de minha mãe, ela dizia:

Ana Paula, filha querida. Fiquei muito contente por saber que encontrou um moço que parece ser uma boa pessoa. Mas vá com calma, não cometa os mesmos erros que cometeu no passado. Homens são mestres na arte de iludir uma mulher, ainda mais uma jovem e inexperiente como você. Portanto, cuidado. E, por favor, não vá pra cama com ele. Em hipótese alguma. Não ceda aos desejos da carne para não vir a sofrer de novo como aconteceu entre você e o pai de sua filha.

Aconselho, porque não quero vê-la sofrendo mais, ainda mais, por um homem. Eles não merecem. Nós, mulheres, não merecemos.

Quanto a Patrícia ela está uma gracinha. Aos cinco anos já fala de tudo e parece entender de tudo. É uma garotinha prodígio. Está sempre perguntando muito sobre você e vive com suas fotos para lá e para cá.

Quando você vem nos visitar?

Na carta resposta a minha mãe, expliquei:

Querida mamãe.

Obrigada pelos conselhos. Dessa vez estou mais esperta, não sou mais a garota ingênua e cega de paixão de antes. A vida me ensinou um bocado.

Fico extremamente feliz em saber que minha filhinha adorada está cada vez mais linda e esperta. Chego a chorar de emoção.

Quanto a minha ida para o Brasil, vou ter de esperar um pouco mais. Se eu sair do país agora não poderei mais entrar, pois me tornei ilegal aqui por não ter saído após o período concedido pela imigração para eu ficar no país.

Além do mais, não estou estruturada financeiramente para uma viagem dispendiosa. E também estou em início de namoro. Vou ter de sacrificar um pouquinho mais o nosso reencontro, mas a saudade é muita.

Amo todos vocês, com carinho
Ana Paula

Meses depois minha mãe recebia uma nova carta minha contando sobre o meu noivado com Giulio. Meses mais tarde uma outra onde eu descrevia tim-tim por tim-tim o nosso casamento. Algo que me marcou profundamente.

Terminava dizendo que iríamos morar no apartamento em que ele já morava. Agora, depois de casados.

Na carta seguinte, mamãe me congratulava pelo meu casamento e me enchia novamente de conselhos. Marcelo e Décio que as essas alturas do campeonato estavam namorando firme também me parabenizavam.

Patrícia, nessa época, já estava com seis para sete anos. E pelas fotos que me mandavam dela, podia ver se tornava uma garotinha linda e angelical. Lembrava mais a mim do que ao pai. O qual, às vezes, me batia uma curiosidade de saber por onde andava e como reagiria se soubesse que tinha uma filha linda como aquela.

Suas palavras voltaram a se propagar em minha mente, arranhando-me até a alma.

"Você está querendo que eu faça um aborto?"

"Eu não estou querendo nada, a barriga é sua, você faz o que você quiser. Apenas acho mais fácil... Já aconteceu isso com outras garotas com quem me envolvi e elas acharam melhor resolver dessa forma."

"Outras garotas?! Que outras garotas? Você disse que eu era a primeira."

Ele riu, descarado.

"Você acreditou *memo* naquilo?! Disse o que disse só para fazer um clima, sabe como é... Só para..."

"Você só pode estar brincando comigo."

Não, Marcão não estava, mesmo. Pela primeira vez estava sendo sincero, de uma sinceridade de doer. Eu é que não queria a verdade, só queria a ilusão. A doce amarga ilusão...

No ano seguinte, após três anos de minha chegada a Paris, consegui realizar o que tanto queria. A compra de uma casa própria para abrigar a minha família no Brasil. Pedi ao Décio que procurasse por uma casa espaçosa, ali mesmo, na cidade onde vivíamos e que

103

custasse a quantia que eu havia conseguido juntar até então. Nessa época já havia conseguido pôr um telefone em casa e por isso ligava sempre que podia para lá.

O Décio me escreveu, mandando fotos de algumas casas que lhe pareceram ser as ideais para todos. Da que ele mais gostou, fez um sinal no verso da foto. Essa foi também da que mais gostei.

No dia seguinte, liguei para ele autorizando a compra. O dinheiro transferi pelo Banco do Brasil para a conta dele. Em menos de dois meses tudo foi acertado e eles já haviam se instalado na nova casa.

Mamãe me escreveu, agradecendo pelo presente. Estava emocionada.

Na carta resposta eu fiz uma exigência a ela:

"Dona Rosa, Dona Rosa, Dona Rosa... Pegue o dinheiro que a senhora pagava o aluguel da velha casa e gaste com a senhora. Agora a senhora pode. A senhora merece se encher de mimos."

Eu precisava dizer aquilo. Mamãe merecia, foram quinze anos, praticamente, de sacrifício em cima de sacrifícios.

Para matar a saudade de minha filha, tinha de me contentar em ouvir sua voz pelo telefone. Ligava para ela, pelo menos, uma vez por mês. Não mais, porque nessa época ligação para o exterior ficava caro pra chuchu e eu precisava economizar para pagar coisas mais importantes, tal como uma escola particular, para ela.

Nesse ínterim, recebi uma carta escrita de próprio punho pelo Marcelo. Fora, na minha opinião, um milagre. Jamais o vira escrevendo para alguém. Na carta ele me agradecia pelo dinheiro que eu mandava já há quase três anos para ele poder pagar a faculdade que tanto quis fazer e não tinha condições financeiras. Agora faltava pouco para ele se formar, ele estava muito feliz por isso e muito agradecido pela minha ajuda.

Paguei mesmo, apesar de achar o Marcelo um tanto quanto folgado e mal intencionado, achei que uma faculdade lhe abriria as portas para o futuro. É lógico que depositava o dinheiro na conta do

Décio e o encarreguei de pagar a faculdade. Temi que o dinheiro na mão do Marcelo virasse vendaval como cantava o Paulinho da Viola.

Nos meses que se seguiram, Décio se casou com Arlete. E ela mesma me escreveu, dizendo que ouvia muito falar de mim, que, apesar de não me conhecer, já gostava da minha pessoa e sentia o mesmo orgulho que todos sentiam de mim.

Nesses anos em Paris decidi fazer algo que surpreendeu a mim mesma. Ao perceber o quanto de brinquedos eram jogados no lixo pelos franceses eu resolvi recolhê-los e guardar no porão do prédio onde eu morava. Nas minhas horas de folga eu passava de casa em casa pedindo por brinquedos usados. Com isso, em três anos, eu juntei brinquedos que lotaram 5 containers. Eram mais de seis mil bichinhos de pelúcia, de plástico, bonecas, carrinhos e etc. Enviei tudo para o Brasil por navio, levaria mais tempo para chegar ao destino, mas ficava mais barato o translado.

Segundo mamãe e o Décio que foram entregar os brinquedos para instituições de caridade, centro vocacionais, orfanatos, todos ficaram extremamente agradecidos e as crianças, maravilhadas pelo "presente".

Não era para menos, os brinquedos eram praticamente novos, somente um ou outro é que era judiado, ainda assim dava para ser usado com muito gosto.

Recebi cartas de todas as instituições de caridade que foram agraciadas pelos containers. Muitas cartas das crianças que receberam os presentes também chegaram a até mim. Cada um agradecia a sua maneira o que recebeu e deu tanto valor.

Prometi a mim mesma continuar fazendo isso até o resto da minha vida. Era algo, a meu ver, muito simples, mas que me enchia de grande satisfação. Me fazia sentir uma pessoa bem melhor.

Nas cartas seguintes enviadas por minha mãe ela terminava dizendo sempre o mesmo: que estava ansiosa pela minha visita. Que mal via a hora de poder me abraçar, beijar e me dizer, olhando nos olhos, o quanto estava orgulhosa de mim.

Respondi que eu também estava ansiosa para ir ao Brasil, afinal, já se passaram quase cinco anos desde que eu havia me mudado de lá, mas que eu temia perder o emprego, caso tirasse férias prolongadas. Todavia a saudade era cada vez mais intensa. Não dava mais, eu tinha de regressar.

Foi então que Martina me fez um alerta:

"Aguarde até que esteja 100% legal no país. Se sair agora enquanto os papéis para a cidadania francesa estão rolando, você pode perder tudo e nunca mais conseguir entrar aqui."

Era melhor ouvir quem tinha mais experiência.

Assim fui deixando para o futuro o meu regresso a minha pátria amada.

12
Doce regresso... Oh, Pátria minha...

Oito anos depois, eu regressava ao Brasil.
Sim, oito anos depois de eu ter partido. Somente então eu tive condições de deixar a França sem correr o risco de nunca mais voltar para lá.
No táxi, seguindo para o aeroporto, eu pensava:
"Dentro de uma hora mais, ou menos, eu estarei saindo de Paris, tomando o vôo rumo ao Brasil, sentindo o cheiro do verde que cercava a graciosa cidadezinha onde nasci. Ah, como eu preciso disso. Muito..."
Quando vi pela janela do avião o Rio de Janeiro a distância, as canções do Tom Jobim invadiram a minha mente:
"Manhã de sol, festa no mar e um barquinho a deslizar..."
"Rio de Janeiro, braços abertos sobre a Guanabara..."
Meu Deus, que saudade... Jamais pensei que ficaria tanto tempo fora do meu país.
Voltar para casa, para o Brasil, era o mesmo que voltar para o útero materno, um lugar onde nos sentimos amparados e protegidos de tudo.
Voltou a minha mente o poema de Vinícius de Moraes... Pelo menos o que me lembro dele...
"*Brasil...*
Vontade de beijar os olhos de minha pátria

De niná-la, de passar-lhe a mão pelos cabelos...
Vontade de mudar as cores do vestido (auriverde!) tão feias
De minha pátria, de minha pátria sem sapatos
E sem meias
pátria minha tão pobrinha!

Ponho no vento o ouvido e escuto a brisa
Que brinca em teus cabelos e te alisa
Pátria minha, e perfuma o teu chão...
Que vontade de adormecer-me
Entre teus doces montes, pátria minha
Atento à fome em tuas entranhas
E ao batuque em teu coração.

Não te direi o nome, pátria minha
Teu nome é pátria amada, é patriazinha
Não rima com mãe gentil
Vives em mim como uma filha, que és
Uma ilha de ternura: a Ilha
Brasil, talvez.
Pátria minha, saudades de quem te ama...

Vinícius de Moraes traduzira um pouco do que sentimos ou passamos a sentir com relação ao Brasil quando se está longe dele.

Ah, o Brasil... Apesar dos pesares é o meu Brasil... Minha terra, minha gente... Minha língua...

Nunca pensara, até então, o quanto amava aquele canto do mundo onde nasci. E o quanto fora, apesar dos encantos de Paris, difícil para mim, viver longe daqui. Longe do meu Brasil...

---

*Texto extraído do livro "Vinicius de Moraes – Poesia Completa e Prosa", Editora Nova Aguilar – Rio de Janeiro, 1998, pág. 383.

Brasil das novelas imperdíveis e inesquecíveis. Dos carnavais deslumbrantes, das marchinhas de carnaval estonteantes. Da música tão pura, tão nossa. Da feijoada, do acarajé, do pão de queijo, da comida simples da fazenda... do insuperável arroz com feijão e uma saladinha.
Ah, Brasil... da Bahia de Guanabara às mangueiras de Belém do Pará;
De Carmem Miranda , de discos voadores cruzando os céus... De Maria Betânia à roça de Ilê Axé Opô Afonjá;
Da avenida Paulista à festa dos navegantes,
de Salvador a festa de Iemanjá...
De Tom Jobim a Vinícius de Moraes, de Jorge Amado a Hebe Camargo...
Ah, esse é o meu Brasil... preto, branco, mulato, índio, o meu Brasil...
Inigualável Brasil... Surpreendente, sempre, o meu Brasil
Oh, Pátria Minha, tu és tão minha quanto o céu, o mar, a lua e as estrelas...
É o lugar que o Sol mais ama pousar e bronzear
É, infinitamente, o melhor lugar para se estar!

Assim que me aproximei do portão de desembarque avistei toda a minha família, esperando por mim. Larguei o carrinho com as malas, assim que pude e corri para abraçar minha filha.
Chorei, é lógico que chorei. Todos choraram.
– Patrícia, meu amor, você está linda! Uma mocinha...
Voltei-me para a minha mãe e a abracei forte.
– Oh, mamãe, mamãe, que saudade.
– E eu, filha? Você sabe o que eu sinto porque também se viu obrigada a ficar longe da sua filha, não é mesmo?
– Sim, mamãe. E não foi fácil. Mas valeu a pena o sacrifício.
Cumprimentei então meus irmãos, minha cunhada, a namorada do Marcelo, meu sobrinho, filho do Décio.

Era emoção demais rever todos. Felicidade demais!

Assim que o carro parou em frente à casa que comprara para minha família, meu coração palpitou. Admirei a casa antes de entrar e quando o fiz, foi com o pé direito. Um pouquinho de superstição não faz mal a ninguém, né?

Certo dia, acordei ouvindo a voz da minha mãe, animada, falando sobre a minha pessoa para Ada, sua irmã. Falava com tanto orgulho que não pude deixar de me emocionar.

– Fico contente, Rosa, que sua filha tenha tido tanto sucesso na vida.

– Mas no começo não foi fácil, Ada. Não, mesmo. Nunca é. Sabe qual é mesmo a sorte dela? Ter encontrado um homem, que seja homem realmente, para ser seu marido. Um homem de caráter, presença e fiel, até onde sei.

Pegando na gavetinha da mesinha de canto da sala, algumas fotos minhas do exterior, mamãe mostrou para a irmã.

– Aqui está ele, o marido de Ana Paula. Seu nome é Giulio.

– Um homem bonito.

– Sem dúvida. Se toda mulher tivesse um homem assim ao seu lado, que soubesse tratar realmente uma mulher como se deve, aí sim seríamos todas felizes.

– Mulher é como uma rosa. Tem de ser bem cuidada para que permaneça bonita sem se despetalar.

– Fico muito feliz por você, minha irmã. Quem dera eu tivesse tido a mesma sorte com a minha filha.

E o assunto se estendeu, mas eu me desliguei do que diziam. Fui me arrumar para poder causar uma boa impressão em minha tia que eu não via há anos.

Naquela tarde reservei uma surpresa. Convidei a todos para irem visitar uma amiga e quando chegamos a sua casa, quem esperava por nós era um corretor de imóveis.

– Olá, Carvalho, como vai?
Cumprimentei e fiz as devidas apresentações.
– Ana Paula – murmurou minha mãe ao pé do meu ouvido – não estou entendendo nada. Cadê a sua amiga?
Sorri.
– Não há amiga alguma, mamãe.
– Não?
– Não! Só disse que havia, para não estragar a surpresa.
– E que surpresa é essa?
– Simples. Estão vendo esta casa? O que acharam?
– Maravilhosa, irmãzinha – respondeu Marcelo, deslumbrado.
– Eu sabia que você iria gostar, Marcelo.
Ele sorriu, todo cheio.
– E você, Patrícia? O que achou da casa, filha?
– É muito linda, mamãe.
– Que bom que você gostou, *chérie*. Pois bem... Essa é a nova casa de vocês.
Todos arregalaram os olhos diante da notícia.
– Mas, Ana Paula. Querida – adiantou-se mamãe, estupefata –, nós já temos uma casa.
– Eu sei, mamãe. Mas essa é maior e bem mais bonita do que a outra.
– Mas aquela é suficiente para nós.
– Que nada. Essa é muito melhor.
– Você não deveria ter gastado conosco.
– Por que não, se vocês são a minha família adorada?
– Oh, Ana Paula, você não existe, filha.
– Mana – interveio Marcelo passeando os olhos pelas paredes da grande sala. – Parabéns. É um casarão.
– Não exagere, Marcelo. Esta casa não é tão maior que a outra, a única diferença é que é uma construção bem mais nova. Foi construída por um ricaço do Rio para passarem com a família os fins

de semana. Como vinham pouco, resolveram vendê-la. Venham ver a piscina.

– Piscina?! – exclamaram Patrícia e Marcelo ao mesmo tempo.

Deixávamos a sala quando minha mãe me segurou pelo punho.

– Ana Paula, uma empregada só não vai dar conta disso tudo.

– Contratemos outra, ora.

– Mais despesas?!

– Sim, mas ao mesmo tempo, geramos mais emprego, mamãe! O que é uma maravilha.

– Se quiser eu mesmo posso cuidar da limpeza da piscina – ofereceu-se Marcelo.

Sabia que não faria de graça.

– Cobrarei baratinho.

Mamãe o repreendeu na mesma hora.

– Que cobrar que nada, Marcelo. Você cuidará da limpeza de graça. Onde já se viu querer cobrar da sua irmã depois de ela ter pagado toda a faculdade para você?

– Eu sei, só estava brincando.

Não, Marcelo não estava brincando, bem sabia eu. Quando o assunto era dinheiro, ele jamais brincava.

Estávamos admirando a piscina quando o Décio chegou com a esposa e o filho.

– Décio, meu irmão querido! Minha cunhada e meu sobrinho, fofinho! – exclamei. – Essa é a nova casa da mamãe e da Patrícia, o que acharam?!

Décio soltou um assovio de espanto.

– Linda, maninha. Simplesmente linda.

– Que bom que gostou.

Abraçando minha mãe e minha filha, completei:

– Faço o que faço com muito gosto, minhas queridas.

– Ah, filha, não precisava de tudo isso.

– Precisa sim, mamãe.

Patrícia, modesta, beijou-me o rosto e agradeceu:
– Obrigada, mamãe. Muito obrigada.
Retribui o beijo com os meus olhos cheios d'água.

Foi quando eu saí com o Décio a fim de comprar utensílios para a nova casa que ele me perguntou:
– Sei que não devo me intrometer na sua vida particular, Ana Paula, mas...
– Mas...
– Seu marido não se incomoda que você gaste tanto dinheiro com a mamãe e sua filha?
– Giulio?! Não!
– Não, mesmo?!
– Giulio é um amor de pessoa. Nunca vi alguém tão solidário, tão mão aberta.
– Mas é que a quantia que você gasta com a mamãe e a Patrícia, mensalmente, é bastante. Qualquer homem se oporia a dar seu próprio dinheiro, o dinheiro que ganha suado para a sogra e...
– Décio, você por acaso, está pensando que eu pego dinheiro dele para pagar tudo isso? Oh, não, meu irmão. Tudo isso é pago com o meu próprio dinheiro. Conquistado com o meu trabalho diário. É que na Europa, principalmente em Paris, se ganha muito bem. Uma secretária como eu ganha muito bem.
– Você merece, minha irmã. Depois de tudo que passou, merece só o que há de melhor na vida.
– Você também, meu querido. Você e todo mundo de bem.

Outro ponto marcante de minha volta ao Brasil foi o carinho com que me receberam as instituições de caridade que receberam os containers de brinquedo e o dinheiro doados por mim.
Em muitos locais houve até uma recepção para me receber e elogiar meu trabalho. Alguns diretores fizeram até discurso em minha homenagem.

"Ana Paula Nogueira se todos fossem iguais a você, o mundo seria um lugar bem melhor. Bem mais digno de se viver. Quão importante é para as nossas crianças se espelharem em alguém que, mesmo estando fora do Brasil, não se esquece dos necessitados de seu país. Que dá exemplo de caráter, fé e moral. É disso que nós, brasileiros, precisamos. Não só brasileiros, mas de todas as nações. Quanto mais houver pessoas decentes como você, Ana Paula, mais teremos chances de construir uma sociedade mais digna, sem vícios e qualquer coisa que desrespeite a moral e os bons costumes!"

Ao término do discurso inflamado, demagogo, ecoou uma retumbante salva de palmas. Prestando melhor atenção em quem fizera tal discurso, cheguei à conclusão de que ele pretendia ingressar na carreira política muito em breve, o que de fato aconteceu.

As crianças do orfanato, que frequentavam os Centros Vocacionais fizeram fila para me cumprimentar e agradecer as doações. Me senti como se fosse o Papai Noel. Cheguei a chorar de emoção.

Padre .... ao me ver me deu um abraço caloroso e dedicou uma missa para mim. Em homenagem a tudo que eu fazia pelos pobres e necessitados desde que me mudara para a Europa. No final da missa a cidade inteira, praticamente, veio me cumprimentar e elogiar pela minha filantropia.

O fato era que, quando se falava em Ana Paula Nogueira, na cidade, havia sempre uma sobrancelha que se levantava. Os ouvidos se apuravam. Todos prestavam atenção, especialmente as mulheres. E a razão era óbvia: eu conseguira fazer o que todas, no íntimo, sonhavam; conquistara ou fora conquistada, o que era ainda mais digno de orgulho, por um estrangeiro rico que me possibilitou a vida digna financeiramente que toda mulher quer para si.

Certa tarde, saí com minha filha para darmos um passeio até o topo de um dos morros que cercavam a nossa cidade. Já mencionei, no início do livro, que nossa querida cidade crescera aos pés de uma cadeia de morros, né? Pois bem...

Patrícia pareceu gostar muito da ideia de passear só na minha companhia, me beijou no rosto, entrelaçou sua mão esquerda a minha e seguimos balançando as mãos feito duas amigas inseparáveis.

Subimos por uma picada que passava por entre as árvores.

– Esse foi sempre o meu passeio predileto, quando menina – disse eu para Patrícia que seguia ao meu lado de mãos dadas comigo.

Caminhamos lentamente por entre a vegetação bonita que crescera ao longo do monte. O perfume da natureza nunca me fizera tão bem como naquele instante.

Ao chegarmos à parte mais alta do morro, de onde se tinha uma vista muito bonita da cidade, sentamos num tronco de árvore caído, para descansar. A subida fora puxada, nos deixara de língua de fora.

Patrícia olhava para baixo, através das árvores quando comentou:

– O prefeito deveria fazer um teleférico aqui, atrairia bastante turistas, seria uma excelente fonte de renda para a cidade.

– Atrairia também muitos *gatinhos,* não é mesmo?

Brinquei. A menina corou.

– Aposto que você já tem paquera, não? E já deve estar sendo paquerada também. Quando eu tinha a sua idade eu já tinha os meus.

– Paqueras? A senhora quer dizer mais de um?

– Sim. Havia pelo menos três.

– Poxa!

– Mas os meninos são mais lentos que as meninas. Os meus paqueras, nessa época, só queriam saber de brincar com os amigos, curtir a vida.

– Os meninos de hoje não são muito diferentes dos da época da senhora.

115

– É como eu disse: os meninos se desenvolvem mais lentamente do que as meninas.

Ela fez ar de concordância. Antes que o assunto se perdesse, perguntei:

– Mas você não me respondeu se tem ou não um paquera.

Patrícia hesitou antes de dizer:

– Tenho sim. Só que... bem... ele não é mais um paquera, se é que a senhora me entende?

– Vocês estão de namorico?

– Estamos.

– Meu Deus, minha filha é um prodígio!

– Não diga nada para a vovó, ela pode não gostar. Pode não, não vai gostar nadinha. Ainda que ele seja um bom menino e filho da Dona Suzana que faz parte do grupo de oração da igreja.

– Então ele é de boa família, isso é ótimo. Qual o nome dele?

– Marco Aurélio.

– Marco Aurélio e Patrícia... – murmurei. – Combina! Quero conhecê-lo.

– Mesmo?! Poxa, mamãe, fico contente que tenha interesse em conhecê-lo.

– Tudo que cerca a sua vida, Patrícia, me interessa, não sabia, não?

O som de pássaros e o som de folhas caindo me provocaram certa nostalgia.

– O que foi, mamãe?

– É a saudade, filha. A saudade que eu estava sentindo disso tudo. Não supus que fosse tanta. Jamais pensei que gostasse tanto daqui como percebo agora.

– Por que a senhora não volta para cá?

– Voltar para cá? Para o Brasil, para a nossa cidade?!

– É!

– Não posso, minha querida. Minha vida é na França.

– A senhora acha que o seu marido não gostaria de viver aqui.

– Oh, não... Ele tem os negócios dele por lá. Não tem como se desprender deles nem para passar uma semana por aqui.
– Que pena. Quando poderei conhecê-lo?
– Um dia.
– Vou aguardar ansiosa.
Fez-se uma breve pausa.
– A senhora gosta dele? Digo, muito?!
– Sim, o Giulio é formidável. Um cara e tanto. Perfeito para mim.
– E a senhora é perfeita para ele? Digo, ele sente o mesmo pela senhora?
– Está aí algo que nunca parei para pensar, mas acho que sim. Senão, não estaria casado comigo, não é mesmo?
– E há tantos anos.
– Sim. Há sete longos anos.
– Ele só pode amá-la muito para tornar a vida da senhora tão maravilhosa. Deve ser muito generoso também para dar-lhe todo o dinheiro que a senhora gasta conosco, para me sustentar, para comprar a nossa casa, o carro...
– Giulio sempre foi muito generoso, Patrícia. Essa é uma das suas qualidades que mais aprecio nele. A generosidade é tudo na nossa vida, filha. Nos sentimos bem quando somos generosos e solidários. Mas, 90% do dinheiro que eu envio para cá é conquistado com o meu trabalho. O de secretária.
– E a senhora gosta do que faz?
– Foi o que a vida quis pra mim, Patrícia. Se quis, tenho de aceitar.
– E o vovô, ele é realmente bacana como parece ser?
– É. Tem lá suas manias, seu mau-humor, de vez em quando, mas é uma pessoa e tanto. Tenho de reconhecer.
Ficamos por um momento admirando as folhas tiradas das árvores pelo outono. E elas caíam como que em câmera lenta e pousavam no chão quase que sem tocá-lo.
– Mamãe!

– Diga.
– E quanto ao meu pai. Nunca soube nada dele.
– Não há muito para saber, Patrícia.
– A vovó nunca me fala nada dele quando lhe pergunto.
– É porque ela nada sabe sobre ele. Nem sequer o conheceu. Nem ela, nem seu tio Décio, nem seu tio Marcelo.
– Tenho curiosidade, sabe, de saber como ele é.
– Há muitos traços dele em você. Eu a apresentaria a ele se soubesse onde ele mora, hoje.
– Mesmo?
– Sim.
– A senhora deve ter gostado muito dele, não?
– Gostei sim, filha, não nego. Foi o que se pode chamar de paixão avassaladora. Eu acho que cheguei a pensar nele durante as 24 horas do dia. Até mesmo enquanto dormia, meus sonhos eram com ele.
– Eu penso no Marco Aurélio, mas não tão intensamente assim. A senhora acha que é porque eu não o amo tanto?
– Não, querida. É porque você tem mais domínio sobre os seus sentimentos o que é muito positivo para você.

Todos devem amar moderadamente, sem perder o controle, sem se deixar ser escravo desse amor. Algo que poucos conseguem, por isso muitas histórias de amor são tão trágicas.

Se bem que uns dizem que não seriam histórias de amor se não fossem trágicas. Mas eu, particularmente, acho que essa história de amor trágica, como a de Romeu e Julieta, está fora de moda.

Acho também que algumas mulheres, especialmente as adolescentes, não se interessam pelos moços de bom caráter. Só os maus parecem ter o dom de encantá-las. Mesmo que seus corações lhes digam que o rapaz por quem estão apaixonadas não presta, elas ainda assim insistem em ficar com eles, dispostas a tudo para mantê-los ao seu lado, crendo, no íntimo, que podem reformar seu caráter com o seu amor.

Não há conselho mais estúpido do que aquele que diz: "Eu o mudarei com o tempo. Eu o farei gostar de mim com o tempo!".

Patrícia pareceu gostar do meu comentário.

– A senhora não tem nenhuma foto do papai? Para que eu pudesse vê-lo, pelo menos por foto?

– Não. Mas saiba que mesmo ele tendo se esquecido de você. Não deve culpá-lo. Ele era imaturo demais, na época, para assumir o nosso relacionamento, a gravidez. Como lhe disse, os homens são mais lentos que as mulheres. As mulheres decidem mais rápido o que querem para si.

– Eu gosto de ser mulher. Se eu pudesse nascer outra vez e Deus me perguntasse que sexo eu gostaria de ter, eu diria: mulher. Quero ser mulher novamente porque amo ser mulher.

– Eu também. Se bem que a mulher sofre mais do que o homem.

– A senhora acha?

– É porque somos muito sentimentais, muito mais coração do que qualquer outra coisa.

Absorvemos em silêncio o comentário.

– Oh, mamãe, estou tão feliz por tê-la aqui ao meu lado. Tão contente!

– Eu também, filha. Você é a razão da minha existência. A maior riqueza que possuo. Acordo pensando em você, durmo pensando em você, vivo literalmente por você, meu anjo.

– A senhora, apesar de distante, é a melhor mãe do mundo.

Naquele momento de silêncio e compreensão, ouviu-se novamente o canto alegre dos pássaros.

Dando o braço à minha filha, voltamos para casa. Seguimos como se fôssemos duas grandes amigas de infância.

Atravessamos o portão, verificamos se os sapatos não estavam sujos e, só então, adentramos em casa.

Ao nos ver, unidas como nunca, mamãe sorriu para nós. Lambiscamos algumas coisas na cozinha e depois de Patrícia ter ido tomar seu banho, mamãe conversou comigo:

– Eu estava pensando, Ana Paula...
– Diga.
– Seria dolorido demais para mim, mas...
– Vamos, mamãe, diga logo, não me mantenha em suspense.
– Bem... se você quiser levar a Patrícia com você para a França. Se achar que ela vai ficar mais bem protegida ao seu lado, eu vou compreender... Será sofrido demais para mim ter de me separar dela, acostumada como estou com a sua companhia...
– Ela não irá comigo, mamãe. Fique tranquila.
– Mas eu pensei...
– O lugar da Patrícia é aqui, ao lado da senhora, ao menos por enquanto.
– Pensei que pretendesse levá-la com você, agora que sua vida está mais estável...
– Não, mamãe.
– Mas...
Ela me encarou fundo nos olhos.
– Você, por acaso, não escondeu de seu marido a existência da menina, escondeu?
Ligeiro rubor cobriu-me a face.
– É lógico que não, mamãe.
– Então por que o rubor?
– Rubor?!
– É. Seu rosto avermelhou-se ligeiramente quando eu falei, mencionei a hipótese de...
– Giulio sabe tudo da minha vida, mamãe. Simplesmente tudo. Até mesmo as tristezas porque passei e os foras e burradas que cometi.
– Mesmo?
– Sim. Não haveria por que mentir.
– É que eu pensei que....
– Como ouvi certa vez: mulher pensa demais.
Risos.

– Se ele aceitou você com uma filha, ele só pode ser um homem muito bom.
– E é, mamãe. O Giulio é realmente ótimo.

O dia da despedida foi uma choradeira só. Nunca os dias me pareciam ter passado tão depressa.
– Não chore mais, minha querida – implorei à Patrícia, também, em meio ao pranto.
– Eu volto. Logo, logo eu volto.
– Jura?
– Juro por tudo que há de mais sagrado.

Um leve sorriso se insinuou no rosto coberto pela tristeza de minha filha. Tive de ser forte para voltar e dar continuidade a minha vida na França. Eu ainda tinha muito o que fazer por lá para poder adquirir uma situação financeira estável, ser independente de marido.

Como havia prometido, não mais demorei para regressar ao Brasil. Nem bem completou um ano do meu primeiro regresso lá estava eu de novo na pátria minha.

Oito meses depois eu regressava outra vez e cada vez que ia era sempre recebida com uma festa, paparicada por todos na cidade, tratada como se eu fosse uma celebridade.

Continuei fazendo minhas doações às instituições de caridade e sendo sempre homenageada por eles.

Tudo isso me deixava muito feliz, verdadeiramente feliz. Já não me sentia tão ansiosa para ver Patrícia agora que tinha condições de ir ao Brasil pelo menos uma vez por ano.

Parte do que descrevo agora me foi revelado muito tempo depois.

Patrícia vinha guardando boa parte de sua mesada para me fazer uma surpresa. Assim que juntou a quantidade suficiente comprou uma passagem de ida e volta para a França. Os termos de responsabilidade da viagem foram assinados por minha mãe e o

Décio. Que também guardaram segredo dos planos da menina para comigo.

Jamais, em momento algum, eu pensei que Patrícia fosse capaz de bolar uma surpresa como essa. Ter a coragem de pegar um vôo sozinha para a Europa e um táxi do aeroporto até a minha casa. Se bem que com 14 anos, quase 15 anos nessa época, era idade suficiente para algo do tipo.

Sei lá porque, Patrícia levou consigo o endereço do meu pai e não o meu e, por isso, foi parar no trailer onde ele morava. Por sorte era seu dia de folga.

Toc, toc, toc... bateu ela à porta do veículo.

Meu pai, Pedro Henrique, surpreendeu-se ao ver uma menina de quinze anos ali parada.

– *Je peux vous aider? (Pois não?)*
– Olá... sou do Brasil... procuro por minha mãe...
– E quem é a sua mãe?
– O nome dela é Ana Paula Nogueira. Ela mora aqui, não?

Papai refletiu e respondeu:
– Não, exatamente.
– Não, exatamente?...

Ele riu.
– Não, definitivamente. Desculpe-me, mas eu sei onde ela mora.

Ufa!, suspirou a garota.
– O senhor pode me levar até ela?
– Com certeza!

E abrindo mais a porta, lhe deu passagem.
– Entre, por favor.
– O senhor... o senhor, por acaso, é o meu avô?
– Sou, sim.

Ela girou o pescoço ao redor, olhando muito admirada para o interior do trailer.
– O senhor mora aqui?

– Moro, sim. É um trailer.
– Que bacana. Mas não é muito apertado?
– É, mas já me acostumei. Além do que é um lugar bem mais barato para se morar.
– Entendi.
Fez-se uma breve pausa até que Patrícia perguntasse:
– E quando poderemos ir ver minha mãe?
Ele pensou mais uma vez antes de responder:
– Só à noite, minha querida. No momento sua mãe está ocupada...
– Sim, eu sei. No escritório aonde ela trabalha como secretária.
– Isso mesmo.
– O senhor certamente conhece o marido dela, não?
– Seu padrasto?! Ora, certamente que, sim.
– O nome dele é Giulio, não? É bacana como a mamãe diz ou é exagero dela?
– O Giulio?!
Papai riu, balançando a pança que ganhara nos últimos anos. Ainda rindo, confirmou:
– O Giulio é mesmo um cara e tanto.
– Mamãe teve sorte.
– Oh, sim, muita sorte. Quem me dera ter a sorte que ela teve.
– O senhor tem um copo de água para me oferecer?
– Sim. Tenho suco também, pão, geleia, queijo... O que quer?
– Por enquanto somente a água, obrigada.
Patrícia tomou a água com a mais soberba delicadeza.
– Obrigada – agradeceu devolvendo o copo às mãos do avô.
– *De rien!* *
Vovô coçou atrás da orelha antes de indagar:
– Sua mãe não sabe da sua vinda, não?

---

*"De nada" em francês. (N. do A.)

123

– Não. É uma surpresa.
– E será mesmo.
– O senhor acha que ela vai gostar?
– Ana Paula?! Ela vai adorar.
– Que bom. Não quero fazer nada que a chateie. Sabe como é... ela faz tanto por mim, por nós no Brasil.

A menina mordeu os lábios e depois da incerteza, questionou:
– O senhor não vai me perguntar sobre a vovó? Seus filhos, o Décio, o Marcelo...
– Oh, sim... fale-me deles. Como estão...

Assim os dois ficaram conversando até dar o tempo certo para que meu pai levasse Patrícia até a mim.

13

Novo revés do destino

Como já mencionei no capítulo anterior, tudo o que descrevo agora me foi contado tempos depois. Patrícia estava ansiosa para me ver e saber como eu reagiria a sua surpresa. Mas quem teve a maior surpresa mesmo foi ela. Papai, por trabalhar como segurança numa boate, conseguiu fazer com que a menina entrasse no local sem maiores problemas.

– Que lugar é esse, vovô? – perguntou Patrícia a ele, ligeiramente chocada por se ver em meio a tantos homens, a maioria bem vestido, a maioria com aliança de casado, bebendo e vibrando com moças dançando sobre um palco, em meio a dança fazendo um *striptease**.

---

*O striptease (do inglês: *"provocação ao se despir"*) é um ato, que geralmente envolve dança, no qual uma pessoa se despe completamente para outras pessoas, de forma a excitá-las sexualmente. Embora a maioria das pessoas que fazem striptease sejam mulheres, também existem homens strippers.
A pessoa que trabalha fazendo striptease em boates é chamada de *stripper*, enquanto uma mulher que trabalha de striptease sem ficar completamente nua é chamada de *showgirl*. A "provocação" é devida à demora da pessoa em se despir, enquanto o público está ansioso para ver um pouco mais de nudez.
Dentre os principais números de *striptease* estão as fantasias com colegiais, médicas, professoras, enfermeiras, noivas, secretárias, prostitutas e garotas de programa. (N. do A.)

Eu era uma dessas moças. Quando Patrícia me viu e eu a vi, gelei e parei o que fazia na mesma hora. Por um minuto eu me perguntei se não estava vendo coisas, mas foi o brilho na face de meu pai que me revelou que tudo que via, era real sim.

Deixei o palco sob a vaia dos presentes e fui direto para o lado de minha filha. Patrícia fitou-me com um ar de espanto, de quem está querendo muito entender o que se passa.

– Patrícia?! – falei, berrando, se não berrasse, em meio ao som naquela altura não seria ouvida. – O que você está fazendo aqui?!

A menina me estudou de cima a baixo e perguntou, num tom enojado:

– O que a senhora está fazendo aqui?!

Engoli em seco, não sabia o que dizer, pois jamais pensei que um dia haveria de me explicar daquela forma, ainda mais para a minha filha, amada, a última pessoa na face da Terra que ousaria decepcionar.

– Eu explico, filha. Eu explico. Mas não aqui com essa música tocando nessa altura.

Subitamente, Patrícia deixou a boate, quis segui-la, mas ao notar que estava de biquini, hesitei. Todavia, segui minha filha mesmo assim, antes que a perdesse de vista, antes que ela, naquele estado de choque, se perdesse pela cidade que mal conhecia.

Ao passar pela porta, cruzei com meu pai. Ele me olhou de cima a baixo, com um meio sorriso, aquele mesmo que eu já notara anteriormente. Quis muito lhe perguntar: "Por quê? Por que fez isso?", mas a resposta era óbvia: aquilo fora sua vingança final, por eu e meus irmãos termos roubado dele a paz que ele tanto prezava e perdeu ao ter de trabalhar em dobro para nos sustentar.

– Patrícia?! – chamei usando toda a minha voz. – Espere por mim!

Ao sair da boate a encontrei parada na calçada incerta quanto ao que fazer.

– Patrícia, filha!! – tornei a chamá-la.
Ela continuou voltada de costas para mim.
– Por favor, filha. Acalme-se. Temos muito a conversar. Vamos para a minha casa e lá tentarei lhe explicar tudo o que se passa...

Ao voltar-se para mim e me ver naqueles trajes sumários em plena calçada, a indignação tomou ainda mais conta do seu rosto. Tratei logo de me explicar:

– Estou vestida assim, pois não tive tempo de trocar de roupa. Você saiu correndo, eu não podia deixá-la partir.

Um dos seguranças do lugar veio até a mim e me ofereceu seu sobretudo.

– Oh, Pierre, quanta gentileza, mas não posso aceitar.

– Eu insisto. A noite está fria e você não pode voltar para casa nesses trajes. Além do mais, na companhia de sua filha.

Quis chorar, de emoção, mas me contive. Jamais pensei que um negão de quase dois metros de altura, três por quatro, fosse capaz de um gesto tão solidário quanto aquele e de palavras tão doces quanto aquelas.

– Eu lhe agradeço muito, Pierre. Muito, mesmo.

– Não se demore mais, sua filha não está bem.

– Eu sei, obrigada.

Vesti o sobretudo onde cabia pelo menos três de mim e voltei minha atenção para Patrícia. Quis seguir com ela, com meu braço por sobre seu ombro, mas ela recusou. Era natural estar agindo assim, o baque fora tremendo, eu mesma reagiria daquela forma diante de uma situação como aquela.

Pelo caminho tentei abrandar o clima entre nós, passando-lhe algumas informações:

– Aquela panificadora ali na esquina faz uns brioches deliciosos. Os melhores que já comi. Mas, é lógico, que não como sempre, são bem calóricos.

Não parecíamos duas pessoas andando normalmente. Havia algo de irreal sobre nós, como se fôssemos dois fantasmas.

– Aquela loja ali tem umas botas lindas, coisa de outro mundo. Vou levá-la para conhecer.

O silêncio de Patrícia me era assustador.

– A vizinhança é boa, gosto daqui. No começo achava tudo estranho, as pessoas pedantes, mas depois que aprendi a língua e pude me comunicar melhor com elas, quebrar o gelo, tudo mudou...

Assim que chegamos ao meu apê, apertei os interruptores e as luzes se acenderam nas paredes e nas mesas. Ao perceber que Patrícia ficara parada sob o batente da porta, disse:

– Entre, filha. É aqui que eu moro.

A menina ainda se mostrava em dúvida quanto ao que fazer.

Puxei as pesadas cortinas cor-de-rosa para tornar o ambiente menos sufocante do que era. Ficamos, então, eu e ela naquele interior perfumado por aquele sachê de flores secas.

– Entre, meu bem – repeti ao perceber que Patrícia não se movera.

– Esta é a casa da senhora?

– É, sim.

– Não pode ser...

Minha filha tornou a olhar para mim e pensei que fosse falar alguma coisa. Havia quase um apelo em seu olhar. Como quem diz: "Por favor, diga-me que nada disso é verdade, mamãe". Entretanto, ela mudou de ideia, suspirou e foi até a janela e pôs-se a olhar para a rua. Quando acerquei-me dela. Patrícia voltou a cabeça ligeiramente para mim e falou:

– Aquele lugar... O que a senhora estava fazendo naquele lugar?

Havia tristeza em sua voz. Uma tristeza profunda. Tristeza e amargura.

– Aquele lugar – respondi pondo a dificuldade de lado – aquele lugar, Patrícia, é o meu trabalho.

A menina arregalou os olhos ainda mais.

– Trabalho?!

Patrícia prosseguiu:

– Oh, parece tão odioso dizer isso, mas... Eu sinto vergonha da senhora.

Ao sentir seus olhos agudos olharem para mim de cima a baixo, estremeci. Uma dor imensa atacou-me o peito, era de remorso e de vergonha.

Patrícia acrescentou, franzindo o cenho:

– Eu sempre senti muito orgulho da senhora, toda vez que me perguntavam a seu respeito eu costumava falar de boca cheia o quanto a senhora era maravilhosa, uma mulher de direito, uma vencedora...

– Você pode continuar sentindo orgulho de mim, Patrícia. Pois ainda sou digna de admiração.

– A senhora?!

– Sim, eu mesma. Tudo o que fiz foi por você.

– Por mim?! Agora a senhora quer pôr a culpa em mim pelo destino que escolheu dar para a sua vida?! Isso não é certo.

– Eu não a culpo por nada, meu amor. Tudo o que fiz, foi com muito orgulho. Se quer saber da verdade, faria tudo outra vez para lhe dar uma vida digna e um futuro promissor.

– Deus meu, que vergonha... Minha mãe, minha mãe que eu amo tanto, de quem sempre senti orgulho trabalha num...

Ela não conseguia completar a frase. Demorou até que o fizesse e foi entre lágrimas que o fez:

– Minha mãe trabalha num prostíbulo!

– Não, Patrícia não é um prostíbulo!

Eu precisava me defender, além do mais era verdade.

Patrícia estufou o peito e me pediu, com lágrimas nos olhos:

– Não queira me enganar ainda mais, mamãe, por favor. Eu vi, vi muito bem o que se passa lá. Aqueles homens pondo notas de dinheiro no filete da calcinha das dançarinas...

129

— Sei que parece um prostíbulo, filha, mas não é! Acredite-me!

— Chega, mãe! Chega de mentir para mim!

Seu rosto estremeceu e sua voz adquiriu um tom ainda mais desesperado:

— Eu quero a verdade, somente a verdade. Diga-me! O que a senhora estava fazendo naquele lugar imoral?

A intensidade de suas emoções fez com que eu me vertesse em lágrimas.

Fiquei quieta por um instante como se estivesse procurando pelas palavras certas para me exprimir. Quando falei, minha voz perdera a espontaneidade. Meio sem jeito, quase encabulada comecei a tentar me explicar:

— Você quer a verdade, não é, filha? Pois bem, Patrícia, a verdade eu lhe darei.

Patrícia lançou-me um olhar estranho, um olhar de esguelha. Inspirei o ar pelo menos três vezes e desandei a falar:

— Parte da minha história você já conhece. Vim tentar a vida na Europa para poder ter condições de lhe dar um futuro melhor. Um futuro mais próspero. Não só para você como para a minha mãe, sua avó, a quem amo tanto.

Meu pai, como sabe, havia se mudado para cá com o mesmo propósito, pelo menos foi o que ele disse para a mãe dele. Achei, na minha doce inocência, que chegando aqui, de surpresa, pegando-o de surpresa, explicando-lhe a minha situação, ele me ajudaria, o que de fato fez, mas a sua maneira.

Ainda me recordo bem do modo que ele me tratou ao me ver diante da porta do trailer onde morava, segurando duas malas.

"Je peux vous aider?", perguntou-me, em francês.

(Aproveito a oportunidade para descrever meu pai para que o leitor o conheça melhor.)

"Pois não?" (N. do A.)

Trata-se de um homem grandalhão, robusto, de penetrantes olhos escuros que pareciam assustar as pessoas, por isso ninguém ousava olhar para ele por muito tempo. O cabelo já estava praticamente tomado de fios brancos. Fios que mais pareciam da cor prata sob a luz neon e do luar.

"Papai", disse eu, emocionada.

Os olhos dele se abriram um pouco mais denotando surpresa. Continuei:

"Papai, sou eu, Ana Paula, sua filha."

Ele simplesmente ficou abestalhado diante de mim.

"Diga alguma coisa, papai, por favor."

Ele nada disse.

"Posso entrar? Está frio aqui fora."

Ele permaneceu mudo.

"Papai, por favor."

Só então ouvi a voz dele novamente, grave e sinistra:

"O que você veio fazer aqui?"

Não havia simpatia alguma em sua voz.

"Preciso da sua ajuda."

"Quem ousou dar-lhe o meu endereço?"

"Sua mãe, papai. Ela não queria, mas eu insisti."

Era mentira, mas achei melhor dizer-lhe para não piorar as coisas entre nós.

"Não devia", respondeu-me ele, secamente.

"Mas eu precisava muito chegar até aqui."

"Pra quê?"

A voz dele se elevou.

"Para me aborrecer, me atazanar outra vez?! Já não basta os anos que fui obrigado a sustentar você e seus dois irmãos. Ouvi-los chorar e espernear?"

Eu ia dizer algo mais, quando ele me cortou, rispidamente:

"Vá embora!"

"Por favor, papai."

"Vá embora e não me procure mais."

"Pensei que ficaria feliz por me ver."

"Eu, feliz? *Moi heureuse! Sainte pacience!*"

Quando ele fez menção de fechar a porta, impedi-o de fechá-la com a mala. Disse:

"Eu preciso de um lugar para ficar até que consiga um emprego que me permita pagar um local só meu para eu morar. Depois, papai, se preferir, mesmo, nunca mais o aborreço. Prometo."

Ele hesitou quanto ao que fazer, por fim, abriu a porta e me deu passagem.

"Então é aqui que o senhor mora?", perguntei, admirando o interior do trailer.

"Não, sua bocó", respondeu-me ele, secamente. "É lá fora que eu moro."

Ia responder, mas me contive para não piorar as coisas entre nós. Perdi a vontade de falar e de fazer qualquer coisa, fiquei parada num canto do veículo, rígida como uma estátua. Não esperava que meu pai dissesse mais alguma coisa, mas ele disse, para a minha surpresa, disse:

"O que a trás a França? A Paris?"

As palavras que ele usou assim que expliquei o motivo de minha vinda foram novamente ácidas.

Ele me mediu de ponta a ponta e disse:

"Você veio para cá para se dar bem na vida, não é?"

Eu o corrigi imediatamente:

"Vim para poder ganhar um salário digno, algo que não se obtém no Brasil. Um salário com que eu possa comprar uma casa no Brasil, pagar uma boa escola particular para a minha filha, até mesmo uma faculdade para ela se for preciso..."

Ele, com um risinho cínico escapando pelo canto da boca, falou:

"O sonho de todo mundo!"

"Santa paciência?!"(N. do A.)

"O senhor pode me ajudar?", perguntei.
A resposta dele foi rápida e direta:
"Não."
Confesso que fiquei um bocado assustada.

"Tudo o que posso fazer por você", continuou ele, "é arranjar um emprego na boate onde trabalho como segurança e lhe apresentar a uma das moças que trabalham lá para que a abriguem em sua casa até que você consiga uma para morar e dinheiro para pagar o aluguel, o que é mais importante."

Não era bem o que eu esperava, mas era melhor do que nada.

"Agora preciso dormir", completou ele. "Acabei de chegar do *trampo*. Se quiser dormir terá de ser sentada aí." Ele riu, debochado e acrescentou: "melhor do que nada, não?"

Sem mais, ele deitou-se na cama, apagou a luz e, em menos de cinco minutos, dormia ferrado, roncando feito um porco.

Fiquei ali, sentada, crispando as mãos. Repassando na memória tudo que ele havia me dito e sentindo meu estômago se embrulhar devido ao cheiro de fritura espalhado no ar, misturado a cigarro e o fedor que vinha do que me parecia ser o banheiro.

– Foi uma das piores noites da minha vida, Patrícia. Mas eu me prometi, naquele instante, que nada me faria esmorecer. Nada. Eu viera para Paris para prosperar e haveria de prosperar. Custasse o que custasse.

No dia seguinte, lá pelas duas horas da tarde, meu pai me levou à boate e me apresentou ao dono.

"Essa aqui está querendo trabalho, chefe. Quer um emprego que lhe dê uns bons trocados para poder ajudar a família no Brasil... Aquele blá blá blá de sempre".

O homem respondeu alguma coisa em francês e os dois riram um bocado. Principalmente, após o homem me olhar da cabeça aos pés e, descaradamente, sentir o meu perfume fungando o meu cangote.

No minuto seguinte, meu pai me levou até o camarim das dançarinas. Foi nessa hora que conheci Martina e algumas outras dançarinas do lugar.

Martina era uma morena de cabelos tingidos de louro, com um rosto comum que uma hábil maquiagem tornava interessante. Estava vestida com o que havia de mais cafona para a época.

Não dava absolutamente a mínima atenção as duas outras ocupantes do camarim, que, mentalmente, ela considerava insignificantes. Seria bem capaz de as duas passarem mal na sua frente e ela nem se dar conta.

Mas de certo modo, ao pousar os olhos em mim, ela sentiu vontade de me ajudar, talvez por pena ou por patriotismo, sei lá.

Nem bem chegamos ali, meu pai me pediu para vestir um biquini. Eu, no mesmo instante, lhe perguntei:

"Por que tenho de vestir isso?"

"Você quer um emprego que lhe permita realizar seus sonhos ou não quer?"

"Quero!", respondi desesperada para conseguir um emprego o mais urgente possível.

Assim que me vesti, meu pai me levou outra vez até o dono do local. O cara, olhar de tarado, fumando um cigarro fedido, examinou-me novamente de cima a baixo e falou outra vez algo em francês que fez com que eles rissem um bocado.

Meu pai, voltou-se então para mim e disse, transparecendo grande satisfação:

"Parabéns, você foi contratada. E você deve a mim, por eu ter livrado você do famoso teste do sofá."

"Teste do sofá?!", espantei-me. Nunca ouvira falar daquilo. O que seria?

"Você começará os ensaios ainda hoje. Logo mais ao entardecer."

"Ensaios...", murmurei querendo muito compreender a que meu pai se referia.

Juro por Deus, que em momento algum passou pela minha cabeça que eu seria uma *stripper*. Que é quase o mesmo que uma dançarina de cabaré. Quando descobri para que eu fora contratada, perdi o chão, a fala, tudo. Jamais pensei que meu pai fosse capaz de permitir que eu trabalhasse num local como aquele. Como uma *stripper*.

"Como o senhor pôde ter-me levado para um lugar...", falei, revoltada.

"Calada", gritou ele. "Não permito que fale comigo nesse tom. Já fiz muito em aturar você vindo aqui perturbar a minha paz. Agora chega!"

"O senhor é meu pai... pensei que..."

Ele me interrompeu, mais uma vez, bruscamente:

"E você é o terceiro estorvo da minha vida. Ou melhor, o quarto. Não posso deixar de incluir sua mãe nessa história toda."

Ele deu uma nova tragada no cigarro fedido e me disse, fulminado-me com os olhos:

"Você quer um emprego que lhe dê dinheiro suficiente para tudo aquilo que me disse, não quer? Pois bem, sendo uma *stripper* você conseguirá esse dinheiro. Não todo, parte dele. O resto terá de angariar fazendo *programa*. Os caras que frequentam o lugar são capazes de pagar uma boa quantia para se deitarem com as *dançarinas/strippers*. Você logo terá muitos fregueses, pois será carne fresca no pedaço."

"Isso é prostituição!"

"Chame do que quiser. O que importa no final das contas é o dinheiro que vai angariar com seu corpinho bonito. E aproveite enquanto é jovem, porque depois... o máximo que vai conseguir serão as faxinas do lugar ou de qualquer casa de uma moradora insuportável e neurótica por limpeza."

"Eu jamais vou me sujeitar a isso!"

"Isso é com você. Sua cabeça, sua sentença. Só não conte comigo para nada."

Por não ter outra escolha, por medo de ter de dormir num banco de jardim e passar fome, voltei à boate e pedi à brasileira chamada Martina, que trabalhava lá, para me servir de intérprete. Queria muito falar com o dono, explicar a minha situação, pedir-lhe um emprego na casa que não fosse aquele.

"Está bem", disse o homem com certa impaciência, "você começará aqui fazendo a faxina da casa, mas será somente pelo tempo suficiente de aprender a dançar como as outras e fazer um *stripper* de enlouquecer os homens."

Eu ia responder que não, que não pretendia jamais tornar-me uma *stripper*, mas Martina me alertou:

"É melhor você concordar com ele agora, se quiser o emprego. Senão ficará no olho da rua... Depois desse tempo você decide melhor o que quer para você."

"Está bem", concordei.

E assim comecei a faxinar na boate de strip-tease.

Martina, com pena de mim, levou-me para morar na quitinete que ela alugara. Era perto do emprego, o que ajudava a economizar no dinheiro que seria gasto com transporte, caso morássemos longe.

No meu primeiro mês em Paris, eu comia os restos de comida da boate e ansiava loucamente pelo meu primeiro salário.

Nos meus momentos de folga, saía procurando emprego, mas por não falar francês direito, muito pouco conseguia, quando sim, era o de faxineira.

Eu não fizera todo aquele sacrifício para ser faxineira na Europa. Meus objetivos eram outros. Eu queria mais.

Durante esse primeiro mês também fui obrigada a ensaiar com as moças as danças e o *strip-tease*, caso não o ensaiasse, alertou-me Martina, o dono me despediria, pois perceberia que minha intenção não era a de me tornar uma *stripper*, nunca.

Senti-me enojada ao ver meu reflexo no espelho, tirando passo a passo, em meio a uma dança erótica, minha roupa até ficar apenas de biquini fio dental. Se me ver naqueles trajes em cima de um palco com a boate vazia já me fazia sentir aquela vergonha, ver-me diante de homens e mais homens, olhando maliciosamente para mim, esticando as mãos para pôr dinheiro no fio da parte de baixo do biquíni seria a morte.

Todavia, com a expansividade dos brasileiros, eu procurava ser gentil com todos que trabalhavam ali. Fazia de tudo também para ser útil para eles.

Fiz uma pausa na narrativa para minha filha Patrícia a fim de tomar ar e enxugar as lágrimas que escorriam pelo meu rosto. Patrícia, também chorosa, quis saber:

– Como a senhora conseguiu encarar tudo isso, mamãe?

– Encarando, filha. Eu não tinha escolha. Não, mesmo.

Após breve pausa, prossegui na minha narrativa.

Diante do meu mal-estar toda vez que eu ensaiava para me tornar uma *stripper*, perguntei a Martina:

"Como vocês conseguem fazer isso, encarar os homens olhando para vocês com olhos tarados...?"

Ela me respondeu automaticamente:

"Quando a fome aperta, Ana Paula, somos capazes de fazer qualquer coisa para forrar o estômago. É lógico que muitas dançarinas tomam uma boa dose de uísque antes de entrar em cena, outras consomem drogas..."

"Uísque?! Drogas!", choquei-me.

"Sim. Eu mesma já usei. Se você quiser, para relaxar no início..."

"Eu nunca serei uma *stripper*!"

"Todas como você dizem isso a princípio, depois..."

"Eu juro!"

"Pare de jurar em falso, *chérie*. Você não vai ser burra de continuar fazendo faxina, se pode ganhar dez vezes mais por noite como uma *stripper*."

"Você disse: dez vezes mais!"

"Disse e, no seu caso, que será carne fresca no pedaço, essa quantia pode dobrar."

"Ainda assim não farei. Não vou perder a minha dignidade por causa de dinheiro."

"Você é quem sabe, mas burrice tem limites, minha querida!".

Martina estava certa.

Quando deu um mês de meu serviço na boate, eu decidi pegar o salário que fizera ali e tentar uma outra vida. Assustei-me quando o dono do lugar começou a falar comigo impaciente e num tom alto demais.

Aos berros ele chamou por Martina e pediu a ela que me explicasse o que estava tentando me dizer:

"Ele está dizendo que já lhe pagou o primeiro mês de salário!"

"Foi o que eu entendi, mas eu estou tentando dizer a ele que não. Ele deve estar se confundindo. Eu não recebi um centavo dele."

Após mais algumas palavras em francês, Martina me explicou:

"O seu primeiro salário foi dado para quem lhe indicou para o serviço. É muito comum isso acontecer aqui. As agências de emprego sempre ficam com o primeiro salário e, às vezes, uma parte do segundo em troca do serviço que encontram para os seus clientes."

"Mas eu não cheguei até aqui por meio de agência de emprego. Foi meu pai quem me indicou..."

"Então acho melhor você conversar com o seu pai."

Eu não quis acreditar que papai havia feito uma coisa dessas comigo .

"Fiz, sim", respondeu-me ele com a cara mais deslavada do mundo. "É de praxe!".

"Mas o senhor é meu pai... Pensei que..."

"Faria de graça?!", adiantou-se ele, rindo. "Sabe quanto você me custou desde que estava dentro da barriga da sua mãe?! Um bocado. Está mais do que na hora de você começar a me pagar o que gastei com você!"

"O senhor não tem coração..."

"Tenho sim, senão não estaria vivo!", ele riu ainda mais. "Tenho mais que coração, tenho tutano. Besta, já fui. Hoje, não mais. O mundo é dos espertos, por isso, não tenha dó, foi o que a vida me ensinou."

"O senhor me parece ser a pior pessoa do mundo!"

"E daí?! Que diferença isso faz?!"

Comecei a chorar, copiosamente. Papai, sem pudor algum, me arrastou para fora do trailer e bateu a porta na minha cara. Fiquei ali, escorada contra o veículo, como se derramasse um oceano em forma de lágrimas.

Nunca pensei que sofreria outra decepção tamanha em toda a minha vida. De repente, para mim, a vida era um mar de decepções.

Voltei para o apartamento onde morava com a Martina, andando como uma lesma. Uma lesma rastejante. O mundo parecia novamente estar desabando na minha cabeça. Ah, meu Deus, que situação. Que decepção!

Martina foi novamente solidária comigo. Disse-me coisas bonitas e otimistas para me pôr para cima. E frisou: eu já passei por poucas e boas, Ana Paula. Muitas vezes o mundo também desabou sobre mim. Só que eu jurei para mim mesma que nem que o mundo desabasse sobre a minha cabeça eu me entregaria à derrota e ao desespero. Não, não, não!!!! Mesmo que o mundo caísse sobre mim eu daria a volta por cima e seria muito feliz. Muito!"

As palavras de força e coragem de Martina me fizeram chorar ainda mais.

"Chore, querida! Pode chorar. Chorar lava a alma..."

Ela me abraçou forte e, naquele abraço amigo, eu descobri que eu ainda tinha muita força dentro de mim para dar a volta por cima.

No dia seguinte, acordei disposta a transformar a minha vida para melhor. Fora esse o objetivo que me levara àquele continente e desistir, sem perseverança, era para os burros e fracos.

Enquanto procurava emprego, caminhava observando o admirável mundo novo que florescia diante dos meus olhos. A bonita vista dos telhados dos edifícios que se elevavam aos céus e o próprio céu que sobre Paris parecia diferente.

139

Escutava avidamente os trechos de conversas das mães que empurravam os carrinhos com seus bebês, de garotas andando na companhia das amigas, de rapazes andando na companhia de amigos, e de muitos casaizinhos.

Apesar de ainda entender muito pouco de francês, eu apreciava seu linguajar. Aprender aquela língua seria outra grande dificuldade a ser enfrentada por mim, ainda mais para uma pessoa como eu, que nunca se derá muito bem com o português. Mas eu haveria de superar mais essa barreira, levá-la como todas as demais, ao chão. E no futuro quando eu olhasse para trás, para quem fui, sentiria grande admiração pela minha pessoa e seria eternamente grata por ter persistido nas minhas metas.

A cada dia, em cada esquina de Paris por onde eu passava meu estado de espírito dava sinais de surpreendente melhora.

"Vamos lá, vida, não seja novamente uma desmancha-prazeres comigo. Dê-me um emprego digno, por favor!", era a frase que eu repetia incansavelmente dentro da minha cabeça.

Mas ela não me deu. Tudo o que me oferecia era a posição de faxineira. E isso eu não queria para mim, não só por me achar capaz de fazer outro tipo de serviço, mas também por querer ganhar mais dinheiro. Muito mais!

Era uma tarde ensolarada e linda, o sol começava a mergulhar no horizonte quando eu perdi a esperança de realizar todos os meus sonhos na França. Quando decidira voltar para o Brasil com uma mão na frente e outra atrás, com o rabo entre as pernas, como se diz.

Seguia para rua quando, então, decididamente, voltei sobre meus passos. Lembrei a mim mesma que você, minha filha, precisava muito de mim. Minha mãe, também. Meus irmãos, idem. Eu mesma precisava de mim!

Não era hora para me apegar a preconceito, era hora de eu agir, para dar a volta por cima, uma volta que ajudaria a toda minha família. Por isso decidi aceitar o emprego de *stripper* na boate.

Patrícia interrompeu meu desabafo, perguntando:
– A senhora nunca pensou em si mesma, no que isso acarretaria para a senhora?
– Na lista de necessidades, filha, eu me coloquei em último lugar. Para mim, o que importava era a chance de dar uma vida melhor para você, para a sua avó e meus irmãos. Aquilo que meu pai não nos deu por egoísmo, por ter pensado somente no próprio umbigo.

Patrícia suspirou e disse:
– Seu pai foi muito mal com você.

Ponderei antes de responder ao comentário:
– Eu não o culpo, filha. Prefiro pensar que ele não tenha condições de ser diferente.

Houve uma breve pausa até que eu pegasse nas mãos de minha filha adorada e, em tom de súplica, dissesse:
– Perdoe-me, filha. Perdoe-me por ter mentido por todos esses anos. Por você ter descoberto tudo dessa forma tão triste.
– Se não fosse assim, talvez, eu nunca viesse a saber.
– Você tem razão, se dependesse de mim eu guardaria esse segredo de você pelo resto da vida. Porque temia que você sentisse o que está sentindo por mim, agora: vergonha, decepção, indignação e mal-estar.

Nos abraçamos e choramos no ombro uma da outra. Quando nos controlamos, eu alisei o cabelo dela, aquele cabelo lindo e sedoso e fiz um pedido, um apelo na verdade:
– Filha, eu tenho um pedido muito sério a lhe fazer.

Ela, piscando para limpar o embaçado provocado pelos resquícios de lágrimas, falou:
– Diga, mamãe. O que quiser.

Tomei ar e falei com a cara e a coragem:
– Patrícia, eu lhe peço, do fundo do meu coração. Ninguém pode saber da verdade. Ninguém. Seria uma decepção muito grande para a sua avó. Eu sou o orgulho de sua vida, não quero que ela perca essa preciosidade.

Não quero também que ela se decepcione ainda mais com o meu pai, que se culpe por ter se casado com ele, por tê-lo escolhido para ser pai de seus filhos. Ela não diz, mas eu sei, no íntimo que ela nunca se perdoou por ter se casado com ele. A minha mentira foi também para que ela não se sentisse tão mal com relação a tudo.

A menina assentiu. Continuei:

– Mas ouça bem o que lhe digo, filha. Muito bem. De uma coisa você pode estar certa: sua mãe nunca foi uma prostituta. Uma *stripper* não é uma. Muitas são até casadas e tem filhos. Não que não haja *strippers* prostitutas, há, mas não é nem nunca foi o meu caso.

Suspirei. Ela também.

– Posso contar com você?

Assentindo com a cabeça ela respondeu:

– Sim, mamãe. É lógico que pode contar comigo. Sempre.

Sua resposta me fez chorar novamente e abraçá-la, forte e demoradamente. Expressando todo o meu amor por ela. A preciosidade da minha vida.

Em seguida fui tomar um banho e, enquanto Patrícia tomava o dela, ajeitei um colchão no chão do meu quarto para ela dormir. Antes, porém, nos servimos de leite, brioche, *muffins,* geleia, suco.

14
O que só a alma pode compreender

No dia seguinte, assim que pude deixar a Patrícia com a Martina parti em busca do meu pai.

Ele estava parado em frente ao trailer onde morava, olhando para o jardim, que parecia desolado e cinzento, com árvores quase desnudas balançando-se ao vento.

Nem bem me aproximei, fui logo dizendo:

– O senhor não podia ter feito o que fez? Levado a minha filha...

– Calada! – repreendeu-me ele, erguendo a voz.

Calei-me assustada com sua reação. Com os olhos fixos nos meus, ele falou:

– Você deveria me agradecer por ter levado sua filha até você, Ana Paula. Para ela saber quem é você de verdade. O que você faz para sustentar a ela e a si própria. O que você foi capaz de fazer para sustentá-la durante todos esses anos.

Se ela compreendê-la e for capaz de sentir orgulho de você, seu coração vai se engrandecer, você vai saber que o sacrifício valeu a pena. Se não...

Engoli em seco!

– Ela agora sabe de tudo. Contei-lhe toda a verdade, tim tim por tim tim, sobre a minha vida e mesmo assim ela continua me admirando.

– Bom para você!

Houve um silêncio desconfortável, temporário, entre nós dois. Foi papai quem o desfez:

– Nunca se esqueça, Ana Paula. Nunca, mesmo! Foi graças a mim, seu pai aqui, que você conseguiu tudo o que conseguiu nesses onze anos. Se eu não tivesse sido durão com você quando chegou em Paris, você não teria prosperado como queria. Teria trabalhado num emprego chinfrim, ganhando uma merreca para se arrepender mais tarde e perceber que já estava velha demais para fazer o que realmente poderia lhe dar o dinheiro que tanto queria.

Você deveria se ajoelhar aos meus pés, beijá-los em agradecimento pelo que fiz por você. Posso não ter feito nada por muitos anos pela sua mãe e seus irmãos, e por você também, mas, no final, por seu intermédio, eu consegui lhes dar alguma recompensa pelos anos de minha ausência.

Admirei seu desabafo.

– Papai, o senhor não existe – comentei mais para comigo mesma do que com ele próprio.

A resposta dele soou com um raro bom humor:

– Se eu não existisse você não estaria aqui.

Ficamos em silêncio, novamente. Foi papai quem o quebrou como se quebra uma noz com o abridor de nozes.

– Eu nunca perguntei. Se perguntei não me lembro o que respondeu. E quanto ao pai dessa menina, quem é?

Acho mesmo que ele nunca havia me perguntado.

– Nunca mais o vi. Ele nem sabe que ela nasceu, tampouco seu nome. Ele agiu exatamente como o senhor agiu conosco. Sumiu, deixando-me com toda a responsabilidade sobre o fato.

Ele fez que sim com a cabeça enquanto tragava novamente o cigarro mal-cheiroso que segurava entre os dedos.

Nem bem tragou, uma tose seca o balançou por quase dois minutos.

– O senhor deveria parar de fumar essa porcaria.

– Pra quê?
– Pra viver melhor.
– Não estou interessado em viver melhor.
– Então, tá. Já vou indo. Quero ficar com Patrícia o maior tempo possível.

Eu já partia quando ele me disse, com a voz rouca por causa do cigarro:

– Há outra coisa boa que quis muito fazer por você e sua mãe não deixou. O aborto. É, eu quis abortá-la, não sabia? Se aquela estúpida da sua mãe tivesse me ouvido você não estaria passando por tudo isso. Teria lhe poupado de todo esse peso nas costas e...

Aquelas palavras, ditas sem nenhum tato me tiraram totalmente do sério. Quando dei por mim, já havia voltado até meu pai e dado um tapa em seu peito.

– Foi se o tempo em que os pais é que batiam nos filhos, não? – falou ele com seu cinismo bem peculiar.

– O senhor me faz perder a cabeça – falei, fula –, você me faz ter pena do senhor, me faz perguntar como pode existir alguém tão insensível quanto a sua pessoa?

– Pô! – exclamou ele, fingindo-se de indignado. – A gente tenta ajudar os filhos e é isso que recebe em troca?! Assim não dá! Não dá!

Definitivamente, meu pai não existia.

Meu pai, parecendo ainda mais magro e encolhido, entrou no trailer e bateu com toda força a porta.

Esse era meu pai e, apesar de tudo, eu o amava.

Dali parti para a boate para me explicar com o proprietário a respeito da noite anterior. Do por que deixara o *Streep Tease* pela metade e saíra correndo da boate. O homem não era fácil, mas me perdoou por eu ser uma das garotas mais apreciadas do local. Era por meu intermédio que ele enchia a casa quase toda noite.

Resmungou quando lhe pedi um dia a mais de folga na semana para curtir a minha filha. Acabou aceitando, creio eu, pelo mesmo motivo citado.

145

Assim, pude levar Patrícia para curtir a cidade. Aproveitar ao máximo sua estada em Paris.

Logicamente que nesse ínterim já havíamos ligado para o Brasil e dito que Patrícia havia feito uma excelente viagem, que eu amara a surpresa e que logo daríamos notícias outra vez.

Tomávamos um delicioso Milk-Shake, quando Patrícia me fez uma pergunta muito pertinente:

– Mamãe, eu só não entendi uma coisa. E quanto ao Giulio? A senhora se casou com ele ou não?

Ri.

– Não, filha.

– Mas e as fotos? Quem era o homem ao lado da senhora nas fotos que mandava para o Brasil? Aquele que a senhora dizia ser seu marido?

– Era o próprio Giulio.

– Eu não entendo.

– Vou lhe contar tudinho... como eu conheci o Giulio e você vai me entender. Eu o conheci quando eu ainda fazia faxina na boate de dia e de noite. No meu primeiro mês aqui em Paris. Numa noite em que também conheci uma pessoa muito desagradável, da qual fiz questão de esquecer.

Eu ainda olhava para tudo a minha volta na boate, admirada. Havia tantos homens bem vestidos, com aliança no dedo, que fiquei surpresa. Sabe, filha, eu, como mulher, assistindo ao show das moças, via com outros olhos a apresentação. Era algo bonito de se ver, elas dançavam muito bem, lindamente e sob o jogo de luzes coloridas tornavam-se lindas. Maravilhosas! Era um show como o show de um cantor ou uma apresentação de circo ou teatro de revista. Ou até mesmo como as moças lindas que desfilam nos carnavais de rua pelo Brasil.

Enquanto ficava de prontidão para recolher do chão qualquer sujeira, ou copo ou garrafa quebrada, avistei um senhor de cara amarrada e barbicha subindo a escada que levava ao mezanino da boate. Logo, ele se dirigiu para uma mesa junto à parede e sentou-se. Imediatamente um garçom correu para atendê-lo.

O homem o recebeu sem um sorriso. Inclinou-se para a frente e falou com ele, aparentemente reclamando de alguma coisa. O garçom deu uma explicação e pediu desculpas.

"Tem panca de rico. De milionário, eu diria...", pensei com meus botões.

Seus olhos, mesmo a distância, eram extraordinariamente vivos e inteligentes. De repente, se detiveram nos meus.

Sem tirar os olhos de mim, fez sinal com o dedo indicador para outro garçom que assim que o viu correu até lá. O homem falou com ele, dessa vez, de forma discreta. Assim que Lafayet, o garçom, olhou na minha direção, soube que o cliente estava perguntando de mim.

Meio minuto depois ele chegava em mim e dizia:

– Hey, moça, aquele senhor lá de cima quer falar com você.

Ao lembrar que eu não entendia francês, tentou me explicar o que se passava num espanhol muito mal articulado.

Eu, sem graça, sorri e acenei discretamente para o homenzinho de barbicha. Ele retribuiu o sorriso levantando a taça para o alto.

O garçom, que agora parecia considerar-se guia e mentor do freguês, correu de volta até a sua mesa e, enquanto lhe servia um novo drinque, deu-lhe a minha resposta.

O barbicha emburrou. Encomendou outro drinque e evitou me olhar, pelos menos de frente, por um bom tempo.

Mal sabia que durante esse tempo todo eu estava sendo assistida com certo interesse por um jovem e bonito francês sentado no bar. O elegante rapagão atravessou o salão lançando um olhar rápido e discreto na minha direção. Um olhar que, muito disfarçadamente, parecia dizer:

"Tu me plais, j'aimerais bien te connaître!" *

"Gostei de você, tô a fim de te conhecer!"(N. do A.)

– O que significa isso? – perguntou-me Patrícia, curiosa.

– Em português significa: "Gostei de você, tô a fim de te conhecer!" – respondi impostando a voz.

Patrícia sorriu, encantada e continuei:

– Despertei dos meus pensamentos quando Lafayet, o garçom, trouxe-me um drinque oferecido pelo barbicha e pôs na minha mão de uma forma bastante indelicada.

Ao recusar, Lafayet pareceu completamente chocado com a idéia. Forçou-me a segurar o cálice e diante de seu rosto enrugado e simiesco, achei melhor aceitar o drinque.

"Suba e agradeça o homem", ordenou-me Lafayet em espanhol numa altura que me ardeu os ouvidos.

"O quê?"

"É surda, por acaso? Pare de blá blá blá e vá até lá."

Ele discretamente me empurrou na direção da escada que levava ao mezanino.

De perto, pude ver com mais detalhes a fisionomia do senhor de barbicha. Um homem de uns cinquenta anos, talvez tivesse mais, de cabelos tingidos de ruivo, um ruivo abóbora. Um rosto feio, sinistro.

Ele procurou me tranquilizar com o olhar e disse:

"Tu es migrorre!" *

Fiquei na mesma.

"Para um homem da minha idade, tenho bastante vitalidade, sabe?", continuou ele sem perceber que eu não falava francês. Por isso, antes de ele voltar a falar, achei melhor dizer uma das poucas frases em francês que havia decorado para me virar por lá até que apreendesse corretamente a língua.

"Desculpe-me, não falo francês."

O homem fez ar de dúvida e com um pedido de licença me retirei do local e procurei ficar longe da sua vista.

"Você é uma gracinha, sabia?" (N. do A.)

Confesso que por diversas vezes me peguei pensando no francês que ficara de olho em mim. Há tempos que nenhum homem me despertava interesse.

No dia seguinte, ao voltar à noite para a boate para fazer o bico de sempre, quis muito que o francês bonitão aparecesse por lá. Percorri o interior da boate em busca dele, mas só encontrei o senhor de barbicha, sentado na mesma mesa junto à parede, no mezanino, que ocupara na noite anterior, comendo o seu jantar acompanhado de bom vinho do porto.

Notei que ele me observava com malícia, a noite toda.

Infelizmente, o francês bonitão não apareceu.

Na noite seguinte quis revê-lo novamente, mas ele também não deu as caras por lá. Acreditei que nunca mais o veria.

Dias depois chegou até minhas mãos o contato de uma mulher que precisava muito de uma secretária e pagava bem pelo serviço. Seu nome era Janete. Deveria ser uma das mulheres com quem deixei meu endereço e meus dados para ser chamada assim que surgisse uma vaga. Fiquei muito empolgada com a notícia.

"Janete...", murmurei enquanto Martina traduzia novamente o bilhete para mim. Bendita Martina!

A entrevista seria no dia seguinte, por volta das seis da tarde. Tudo bem para mim, pois eu só começava a trabalhar na boate no período noturno (um bico) por volta das oito. Desde então fiquei empolgadíssima. *(Alors, je me suis sentie super animée!)*

No dia seguinte, pouco antes das seis, eu cheguei ao endereço da Janete. Subi em ziguezague até uma bela casa em estilo árabe, circundada por um jardim. Toquei a campainha e assim que fui atendida por um mordomo, falei ao que vinha, conforme Martina havia me ensinado. Logicamente que eu andava com as frases escritas numa folha de papel sulfite para consultar sempre que minha memória falhasse.

"Olá, procuro pela Janete, ela está?"

O criado fez que sim, com a cabeça, e depois me indicou o caminho.
"Por aqui, mademoiselle."
Apesar das lâmpadas acesas, a sala estava agradavelmente na penumbra. Havia uma serenidade oriental. Subitamente, aparecendo por trás da lâmpada, vi a pequena e enrugada cara do senhor barbicha. Ele se inclinou delicadamente, antes de pegar minha mão e beijá-la. Depois disse:
– Que maravilha tê-la aqui.
Olhei em redor com ar assustado e perguntei:
– Janete... Cadê a Janete?...
Ele sorriu, mas não foi um sorriso agradável. Parecia um gato mostrando os dentes.
Então, subitamente, para meu espanto e total surpresa, a voz retumbante de meu pai soou repentinamente no ambiente.
"Se não tivéssemos usado dessa pequena mentira você não teria vindo, teria?", disse ele sem rodeios.
"Mentira...?!", murmurei, apreensiva.
Levei as mãos à cabeça e prossegui, com voz trêmula:
"Quero ir embora daqui agora mesmo, papai!"
"Calada!", interveio meu pai em tom frio e positivo.
"Pai...", minha voz fraquejou.
"Não seja estúpida, Ana Paula!", continuou ele em um tom de quem faz crítica. "Esse homem pode lhe dar o céu e a Terra juntos. Sorte assim raramente bate à porta de uma jovem como você, Ana Paula."
"Sorte?!"
"Sim, Ana Paula. Sorte! Agora, larga de frescura e se entregue para esse homem. Não perca mais tempo! Vamos!"
"Sabe quanto você pode lucrar com esse homem?!"
"O que foi que o senhor disse?", eu não estava mais concatenando direito as ideias.
A ideia pareceu-me algo semelhante ao inferno.

Quando voltei a encarar o dono da casa, ele abriu os braços, num gesto largo e me disse com um riso cacarejado.

"Sexo é bom! Venha!"

Como um diminuto redemoinho de energia, afastei-me dele.

Ele, parecendo enfurecido, voltou-se para o meu pai e perguntou:

"Essa menina vai ou não vai...?!". Seu tom de voz era de quem está pouco satisfeito.

Meu pai, abanando a mão, afirmou:

"Vai sim... Ela só precisa de um tempo para se acostumar com a ideia, meu senhor".

Eu ia dizer mais alguma coisa, mas papai me interrompeu:

"Não ensebe mais, Ana Paula. Vá logo ao que interessa!"

Havia um traço de veneno em sua voz.

"Vou deixá-los mais à vontade.", acrescentou papai. "Até mais, meu senhor".

Voltando-se para mim, acrescentou em tom de ordem: "Faça tudo o que ele lhe pedir, para o seu próprio bem."

Meu pai ia deixando o aposento quando minha voz o deteve:

"Quanto, meu pai? Quanto o senhor está ganhando com isso?"

Ele me olhou com absoluto desinteresse.

"Diga, vamos! O senhor certamente está ganhando algum com isso, não?", insisti, ansiosa e amargurada.

Ele chegou a pensar em me responder, mas fechou a boca com um estalo e deixou a grande sala com um pequeno aceno de cabeça. Ao ouvir a chave girando na fechadura percebi que meu pai havia me trancado ali na companhia daquele francês asqueroso. Tremi, como nunca havia tremido em toda a minha vida. Era assustador demais para uma jovem como eu, de apenas 19 anos, estar numa situação daquela, num país estrangeiro, sem ninguém para recorrer, sem poder me comunicar direito por não saber falar a língua.

O senhor barbicha olhou para o relógio e bufou.

151

"Vai ou não vai?", perguntou impaciente.

"Não, senhor. Eu sinto muito. Agora abra essa porta antes que eu grite até me esgoelar", falei em português mesmo.

Ele pareceu me entender, pois respondeu em espanhol:

"Grite! Isso vai me excitar ainda mais."

"Pois eu vou gritar, berrar, fazer tudo que puder!", revidei.

Ele veio para cima de mim e pegou no meu punho, apertando com força.

"Vamos lá, larga de manha, garota."

"Solte-me!"

Quanto mais força eu fazia para me soltar mais ele apertava meu punho.

A gargantilha de pérolas falsas que eu usava rompeu-se com a pressão dos dedos dele, quando tentou agarrar meu decote. Imediatamente abaixei-me para apanhar as pérolas que se espalharam pelo chão.

"Larga essa porcaria aí, menina!", ordenou o barbicha com sua voz retumbante.

Subitamente, me arremessou um maço de dinheiro preso com elástico e acrescentou com prepotência:

"Com essa quantia você pode comprar um colar de pérolas de verdade, até mesmo um de brilhante e não essa imitação barata que estava usando. Seu pescoço foi feito para ser adornado por uma jóia verdadeira, rara como a sua pessoa.

Ele suspirou e acrescentou com voz muito amável, mas que, de certa forma, parecia dar um sentido ameaçador às palavras:

"Você terá muito mais de onde veio esse dinheiro!"

A onda fria de apreensão que me invadia tornou-se mais intensa. Tudo o que eu mais queria naquele instante era fugir dali, o quanto antes.

Quando ele tentou novamente me agarrar, olhou-me muito admirado, pois comecei a estapear seu rosto. Eu estava cega de pavor, disposta a fazer de tudo para escapar daquela situação odiosa e hedionda.

"É teimosa. Mas eu sei como curar essa teimosia."

Acho que por pena, o mordomo abriu a porta naquele instante e eu aproveitei para fugir.

"Você vai se arrepender, garota, mimada. Eu a farei se arrepender!", berrou ele.

Naquela noite, inconformada com os últimos acontecimentos, não tive forças para me despir, deitei-me com vestido e tudo e fiquei a virar de um lado para o outro na cama, por quase duas horas. A pergunta que não queria sair da minha cabeça era: "Como um pai, meu pai, podia ter feito aquilo comigo, sua própria filha?".

Cansada de especulações inúteis, adormeci. Acordei, tornei a olhar com olhos de incompreensão para a VIDA e cochilei novamente. Acordando, subitamente, de um sono mais pesado, cerca de uma ou duas horas depois. Era mais uma das noites difíceis da minha vida.

Acordei com olheiras horríveis e um desânimo crescente tomando conta de mim. Quando Martina me encontrou aquele dia, assustou-se ao me ver naquele estado. Contei-lhe, então, em tom confidencial tudo o que me havia acontecido na noite anterior. Para meu espanto ela irrompeu-se numa gargalhada.

"O velho Pedro é fogo, mesmo!"

"O velho Pedro é meu pai. Onde já se viu um pai fazer isso com a filha?" Nem um padrasto seria capaz de fazer uma coisa dessas com um enteado.

"O ser humano é capaz de fazer as piores baixarias por causa de dinheiro, Ana Paula."

"Mas um pai?..."

"Há pais e pais... Talvez não tenha sido por mal que ele..."

"Como não?"

"Talvez tenha sido a única forma que ele encontrou de lhe ajudar."

"Que ajuda, hein?"

Martina tornou a rir, divertida. Horas depois, todo mundo na boate sabia do que havia me acontecido. Martina, por mais que eu houvesse implorado não conseguiu deixar de transformar minha desgraça numa fofoca picante, a mais excitante do dia.

Patrícia estava abobada quando terminei de narrar o episódio.

– Mamãe, que situação...

– Para você ver filha. Como pode perceber, passei por poucas e boas quando cheguei à França. Mas levei o lema de todo brasileiro à risca: "Sou brasileira, não desisto nunca!".

15
Palavra de quem já cruzou o deserto, no escuro

Após uma breve pausa para tomarmos um suco, eu e Patrícia voltamos a nos esparramar no sofá, feito duas amigas inseparáveis que se unem para trocar confidências.

– Bem – continuei –, voltando a falar do Giulio... O que eu mais queria era encontrar o francês bonitão que vira, naquela noite, na boate, e, que, volta e meia, vinha atormentar meus pensamentos. Quando nos reencontramos eu já me virava bem no francês e já era uma das strippers, da boate, de maior sucesso. Pois ele aguardou até o término da minha apresentação para vir falar comigo.

"Atrapalho?", perguntou-me ele. E acrescentou, como quem se desculpa: "Se sim, desculpe-me, não foi essa a minha intenção."

Era um homem alto, corado e de maneiras afáveis.

"Ah...", disse eu, apertando-lhe a mão. "Muito prazer. Seu nome...?"

"Giulio Abeillard."

Repeti o nome em silêncio, parecendo me deliciar com cada sílaba.

"E o seu?"

A pergunta chegou ao meu ouvido, mas demorou um bocadinho para que eu lhe desse a devida atenção.

"C-como?"

"O seu nome. Digo, o seu nome de verdade... Se quiser dizer é lógico."

Ele me perguntara isso porque nós, *strippers (Go-go-Girls)*, usamos um nome de guerra, como se diz. O meu como *stripper* passou a ser Deodora, o de Martina, por exemplo, é Suzana...

Por uns minutos, fiquei olhando para ele, em dúvida, se deveria falar ou não.

"Meu nome... é... Ana Paula", respondi, enfim, deixando o medo e a frescura de lado.

"Ana Paula...", repetiu ele com sotaque francês.

Seus modos tornaram-se acentuadamente paternais, a seguir. Sua personalidade extraordinariamente estimulante logo me cativou.

Depois de uma conversa miúda e bem agradável acabei aceitando o convite para ir jantar com ele no dia da minha folga na boate, o que acontecia geralmente às segundas.

Assim que tive oportunidade, contei a Martina sobre o Giulio.

"Ele é um cara e tanto!", disse-me ela com empolgação. "Invista nele, *chérie,* e você estará feita!"

Cheguei ao restaurante usando o único vestido que levara para uma ocasião especial. Era de uma leve tonalidade bege que combinava e realçava os meus cabelos castanhos. No pescoço, meu novo e belo colar de pérolas de mentira destacavam aquela parte do meu corpo. Comprara outro depois que o primeiro arrebentou naquele dia fatídico na casa do senhor barbicha.

Desci as escadas e segui o *maître* por um corredor que para mim parecia não ter fim. Quando cheguei finalmente ao grande salão de jantar, Giulio Abeillard me aguardava. Jamais vira um homem vestido tão elegantemente. Ele estava simplesmente lindo.

Após me admirar por instantes, veio ao meu encontro.

"Você está linda", comentou tomando minha mão direita e beijando-a como faziam os cavalheiros no passado.

Fiquei rubra diante do galanteio. Ele sorriu e disse:

"Eu arranjei uma mesa com vista para a torre Eiffel. Tenho a certeza de que vai adorar."

Um sorriso de encanto escapou pelo canto da minha boca. Fiquei rubra novamente.

"Se toda vez que eu disser alguma coisa você for ficar rubra..."

Fiquei ainda mais, só que dessa vez, rindo.

Com um gesto de mão ele me indicou o caminho até a mesa. O barulho do trânsito lá fora tornara-se apenas um murmúrio, estando na companhia de Giulio Abeillard.

O jantar foi pedido segundo suas sugestões. Deixei literalmente a seu encargo, ao seu bom gosto, os pratos da noite.

Tudo estava delicioso. Nunca saboreara uma comida tão saborosa.

"Gostou?", questionou-me ele, olhando bem nos meus olhos para ver se eu dizia a verdade.

"Muito!"

Ele me olhava nos olhos como se tivesse o poder de enxergar muito além das minhas pupilas. Como se tivesse o poder de alcançar a minha alma e abrandar qualquer tormenta em torno dela.

Durante o jantar ele me falou da sua família, do seu trabalho, de amigos, sem exageros, sem monopolizar a conversa.

Subitamente, eu me desliguei de mim mesma, e de onde estava, e com quem estava, e desabafei como se desabafa com um terapeuta:

"Você já teve vontade de desligar o mundo, como se ele fosse uma televisão, e viver uma realidade muito além dos sonhos?"

"Aquele lugar que Harold Arlen cita na canção 'Over de Rainbow'?"

Percebendo que eu desconhecia ou não me lembrava da canção ele a cantarolou:

"Somewhere over the rainbow, skies are blue and the dreams that you dare to dream really do come true."

Depois traduziu a letra em inglês para o francês e conforme o fazia, eu ia traduzindo para o português.

"Em algum lugar acima do arco íris os céus são azuis e os sonhos que ousamos sonhar realmente se tornam verdade!"

A seguir, Giulio comentou:

"Ou como aquele lugar que se fala em *Somewhere**?"

"Um dia, em algum lugar, encontremos um novo modo de viver. Pacífico, quieto e arejado..."

Dessa letra, gostei ainda mais.

Depois de umedecer a garganta, comentei:

"Ah, se pudéssemos fugir do mundo mau, deixá-lo aprisionado num buraco negro do espaço para que a o mundo se tornasse um lugar mais feliz de se viver."

Diante do meu comentário, com ar de desolação, ele só podia me perguntar:

"O que a fere tanto?"

E minha resposta foi:

"O que fere toda mulher, Giulio. O abandono. O esquecimento..."

"A falta de amor, você quer dizer?"

"Você acertou na mosca."

Ele disse, de maneira indireta, oblíqua:

"Você é tão bonita, Ana Paula... Nós, franceses, chamamos o seu tipo de mulher de exótica."

Baixei o olhar, comovida.

"Você, até agora, falou tão pouco de você", continuou ele. "Pode se abrir comigo. Sei que algo, o amor, agora tenho a certeza, a feriu muito no passado."

Minha testa franziu, senti vontade de chorar, me segurei. Ele pegou delicadamente em minha mão, a massageou e enfatizou:

"Você está fugindo, em busca de um mundo de sonhos e libertação, não é mesmo?"

Sorri em concordância.

"Eu também vim para cá, para Paris, em busca do mesmo mundo, porém, certo de que jamais poderia encontrá-lo."

---

*Composição de Spriggs, C. Michael/Byrd, Andy/Ellis, Lindsay. (N. do A.)

"Eu não entendo", murmurei. "Do que um homem bonito como você sente necessidade de fugir?".

"Um dia, quem sabe, você me entenderá."

"Espero que sim. Se puder ajudá-lo..."

"Estamos sempre dispostos a ajudar os outros, exceto a nós mesmos, não é mesmo?"

Ri.

"É verdade."

Fez-se um breve silêncio até que ele sugerisse:

"Podemos sair para dar uma volta, o que acha?"

Qualquer mulher diria "sim, é lógico" para ele, especialmente para ele, mas hesitei diante do convite.

"Você ainda tem medo de mim?"

"Bem..."

"Há muito que frequento a boate. Todos lá me conhecem."

"Me falaram."

"Então?"

"É que depois do que passei nas mãos de um cara no passado, fica difícil para mim crer noutro homem, ainda que esse homem me passe certa confiança. Acreditei tanto nele no passado e só me dei mal. Desde então...", suspirei. "Desde então, evito os homens. Tenho medo deles, muito medo."

"Acredita mesmo que todos sejam iguais?"

"A maioria é igual. Sabe o Pedro, um dos seguranças da boate?

"Ah, sim, acredito que sei quem é..."

"Pois bem, ele é meu pai. E ele só trouxe desgosto para nós. Digo, para a minha família."

A seguir, contei-lhe toda a história que envolveu meus pais, Marcão e eu, o senhor Barbicha e o papai... É lógico que por diversos momentos me atrapalhei no francês procurando por palavras que eu ainda não havia aprendido. Jamais pensei que Giulio me ouviria com tanto interesse e paciência. Foi surpreendente!

Ao término da narrativa sentia uma certa palpitação.
"Entende agora porque eu...", perguntei, mordendo os lábios para não chorar.
"Entendo. Eu também teria um pé atrás com os homens se tivesse passado o que você passou."
E numa guinada súbita de bom humor, Giulio falou:
"Quer dizer, então, que você tem uma filha?"
"Sim. Uma linda menina. O nome dela é Patrícia."
– Depois de cobrir você de elogios, Patrícia, Giulio pegou em minha mão novamente e repetiu a proposta:
"Vamos dar uma volta, vamos. A pé. Se ficar com medo de mim basta correr e gritar por socorro."
Rubra, acabei aceitando.
Giulio me guiou para fora do restaurante, segurando-me pelo braço, como um bom e elegante cavalheiro do passado.
Andamos pela calçada falando de amenidades, rindo, admirando as pessoas na rua, lotando os restaurantes, ziguezagueando pelas calçadas. Ainda me impressionava a elegância com que os franceses se vestem e se portam. Próximo ao rio Sena, ele me guiou até um espaço vazio junto a amurada que separa a plataforma do rio e ficamos ali encostados no parapeito.
As estrelas brilhavam acima de nós, e o ar agora estava frio e revigorante. Estávamos sós.
"Agora...", disse ele, em voz baixa e nervosa, "eu gostaria de lhe pedir um beijo."
Fitei-o por um momento, antes de repetir:
"Um beijo?"
"À luz do luar."
"E que luar lindo cobre a cidade, hein?"
Ele segurou meu rosto e admirando meus olhos levou seus lábios até os meus e os beijou, suave e ternamente.
Fazia tanto tempo que eu não era beijada por um cara que já nem sabia mais qual era o sabor de um beijo. Para mim pareceu ser

o primeiro. Não dava nem para comparar com os que o Marcão me deu.

Patrícia me interrompeu por um minuto.

– Então Marcão era o nome do meu pai?

– Sim. O apelido. Marcão Batuta.

Patrícia saboreou por instantes a informação e pediu, empolgada, para eu continuar minha história com o Giulio. Assim fiz.

– Pois bem... Desde o jantar eu e o Giulio nunca mais perdemos o contato e saíamos sempre que eu tinha um tempo livre para fazer passeios. Foi daí que surgiram muitas das fotos que mandei para o Brasil ao lado dele.

No dia em que ele me pediu em namoro, olhei noutra direção e murmurei, contrafeita:

"Eu mal o conheço."

Giulio riu. Uma pequena risada feliz.

"O que importa? Todos os nossos amigos e amores, um dia, foram estranhos para nós."

Rindo, com certa amargura, falei:

"Não sei se devo."

"Você não é comprometida, é?"

"Não! É lógico que não!"

Ele então se sentou ao meu lado e olhou com compaixão para o meu rosto desesperado e nervoso. Fugi imediatamente do seu olhar, fixando meus olhos num ponto distante. Era como se estivesse decidida a não demonstrar qualquer emoção. Giulio, calado, parecendo procurar pelas palavras certas para se expressar, por fim, disse, em voz baixa:

"Quero bem mais do que namorar você, Ana Paula. Quero me casar com você."

"Casar?! Mas você mal..."

"Já sei, já sei... eu mal te conheço! Sua frase predileta, aposto!"

Outra vez ri com certa amargura.

Voltando os olhos do passado para o presente, comentei:

161

– Patrícia, filha, o Giulio foi o único homem que conheci até hoje que foi capaz de me tratar com dignidade. Dele emprestei seu nome e sua imagem para dizer para todos vocês no Brasil que ele havia se tornado meu marido e explicar, pelo menos por um tempo, como eu podia estar ganhando tanto dinheiro, trabalhando como secretária, aqui, na França. Inventei tudo isso por medo de que suspeitassem da minha real profissão. Se alguém dissesse alguma coisa, eu diria que parte do dinheiro que mandava para o Brasil e com o qual comprei nossa casa por lá, era o Giulio quem me dava.

Patrícia, olhando-me atentamente, me perguntou:

– Por que, então, a senhora não se casou com ele, mamãe? Se ele a tratava tão bem...

– Porque... bem... é ainda tão difícil para mim falar a respeito.

Patrícia aguardou pacientemente até que eu conseguisse me abrir. E parte do que relato agora foi abreviado para minha filha, por motivos óbvios.

– Nós nunca havíamos transado... em seis meses de namoro eu não permiti. Apesar de o Giulio me passar certa confiança, temi que só estivesse interessado em sexo e nada mais. Queria apenas me iludir para me levar para a cama e depois me descartar como se faz com uma latinha de cerveja.

Pois bem, no dia em que fomos à Riviera Francesa, tivemos de dividir o mesmo quarto no hotel para ficar mais barato. Quando chegamos ao local, deixei-me cair, cansada, em uma cadeira.

"Chegamos!", disse ele, depois de amavelmente perguntar se o quarto reservado era do meu agrado e de ter acendido, sem nenhuma necessidade, todas as luzes. Assenti com a cabeça, denotando simpatia.

Naquela noite, depois de um delicioso passeio e de um jantar saboroso e romântico, quando nos recolhemos no quarto do hotel, pintou um clima entre nós e eu, então, resolvi me entregar para o Giulio. Foi em meio a uma prévia de beijos que ele deu um passo para trás e falou, seriamente:

"Há algo que preciso lhe falar... Não o fiz até hoje por... bem... É melhor eu mostrar do que falar."

Ele então começou a tirar a calça.

Fugia, sinceramente, a minha compreensão o porquê de ele estar fazendo aquilo.

Quando vi o que ele queria me mostrar e relutara a fazer até então, eu compreendi o porquê ele me dissera que havia se mudado para Paris na esperança de fugir de algo.

"Foi um acidente", comentou ele, com certo constrangimento. "Eu ainda era moleque. O triciclo capotou e caiu sobre a minha perna direita. Eu... Aceitei tão prontamente a realidade que hoje, quando olho para trás, me surpreendo.

Eu, simplesmente, emudeci. Estava agoniada, sem saber que atitude tomar diante de tão surpreendente revelação.

"Posso perceber pelo seu olhar que está chocada", acrescentou ele com um quê de tristeza. "Não se sinta constrangida. Você não é a única. A maioria das mulheres com quem saí tiveram a mesma reação. Até mesmo as pagas. Essas só não foram embora porque eram pagas. O dinheiro estava falando mais alto do que o preconceito, nojo, sei lá como definir."

Eu continuava perdida. Completamente perdida, sem saber o que dizer. Ele, limpando a garganta, continuou:

"Eu já vivi isso antes... não se sinta intimidada a sair por aquela porta e... sei lá... tomar um tempo para pensar se quer me rever... se..."

Meus lábios estavam prensados um ao outro, meu queixo tremia violentamente.

Deus meu, que situação.

"Vá, Ana Paula", aconselhou-me ele diante do meu martírio. "Pode ir para a sua casa. Eu só não a levo, agora, porque estou novamente decepcionado com a vida, por ter de viver, outra vez, a mesma situação por causa de uma perna mecânica. Ainda mais por ser você, a mulher que amo do fundo do meu coração."

Eu passei a mão nos meus cabelos, prendendo os atrás das minhas orelhas e, após um minuto de hesitação, peguei minhas coisas e deixei o quarto sem sequer me despedir.

Suspirei. Patrícia olhava para mim, pasma. Levou pelo menos um minuto ou até mais até que eu dissesse:

– Eu fui uma completa imbecil, filha. Por mais chocada que estivesse eu deveria ter dito alguma coisa para o Giulio, pedido desculpas, me despedido, sei lá o que... Mas não... deixei o hotel como se eu fosse uma fugitiva.

Eu não estava preparada para aquilo, Patrícia. Não estava, entende, filha? Foi chocante demais para mim e, eu, jamais pensei que, me importaria em fazer amor com um homem faltando uma perna. Mas eu me importei e muito.

Foi outro momento de minha vida pelo qual eu jamais queria ter passado. Um novo choque com a realidade.

Ao voltar para casa encontrei Martina sentada graciosamente no sofá, olhando para a TV e bocejando.

Nem bem fechei a porta do apartamento fui logo dizendo, em tom de acusação:

"Por que, Martina? Por que você não me disse que o Giulio..."

Eles se conheciam da boate.

Ela me olhou como se me olhasse de muito longe. Soltou um risinho entrevado de certo deboche e disse:

"Se tivesse dito você não teria se envolvido com ele."

"Você deveria ter-me alertado!"

Ela riu, escancaradamente.

"Eu confiava em você."

"Garota, aprenda, de uma vez por todas, não se deve confiar em ninguém. Nem mesma na sua sombra."

"Pensei que você me queria bem."

"E quero. Por isso estimulei você a se envolver com o Giulio. Um partidão daquele não cai do céu na vida de uma mulher, com frequência."

Lancei um olhar decepcionado para aquela que até então considerara a minha melhor amiga e parti, com passadas largas e nervosas, para o meu quarto.

Dias depois, cruzei com o Giulio na calçada, quando ia chegando à boate para trabalhar. Desde aquela noite nunca mais o vira, tampouco ligara para ele. Ele também nunca mais aparecera na boate.

"Ana Paula!", chamou ele.

Quis fingir que não o havia reconhecido, até mesmo escutado seu chamado, mas fiquei com pena dele.

Quando mirei seus olhos, ele me disse, havia amargura e exasperação em sua voz:

"V-você era a última pessoa que eu pensei que seria capaz de me recusar por causa da minha..."

Tentei me defender com uma mentira para o próprio bem do Giulio. O que eu menos queria era machucá-lo, ainda mais...

"Não foi por isso que me afastei de você, Giulio."

Abanei vigorosamente a cabeça e reforcei:

"Não mesmo!"

Meu rosto estava pálido e eu, assim como ele, tremíamos ligeiramente. Giulio, sustentando o meu olhar, afirmou:

"Você conseguiu derrubar minhas defesas. Me fez acreditar que eu poderia finalmente ser feliz ao lado de uma mulher. Você me fez acreditar que você era realmente a mulher certa para mim."

Ele suspirou.

"Pelo visto não são só os homens que decepcionam as mulheres. As mulheres também decepcionam os homens."

Sacudi a cabeça, em sinal de impotência.

"Eu só quero que saiba que eu a amo como nunca amei uma mulher antes."

Giulio parecia sentir um certo alívio em desabafar.

"Eu também...", disse eu mas recolhi a palavra no mesmo instante.

"Eu sei', adiantou-se ele.
"Você sabe?"
"Sim, eu sei que me ama também. Mas..."
"Nada no mundo é perfeito, não é mesmo?"
"Não, Ana Paula, não é."
De repente, eu quis abraçá-lo, beijá-lo, mas percebi que minha vontade, meu desejo era por pena. Por pena dele e não por amor.

Giulio foi se afastando de mim como uma folha levada por um vento de outono. Não houve aceno de despedida, não houve mais nada...

Levei alguns minutos para voltar à realidade que me cercava.

Assim que me tranquei no banheiro do camarim, eu chorei como há muito não chorava. Diante da minha demora e do meu silêncio, Martina bateu à porta e perguntou se estava tudo bem.

Não aguentei sequer responder, permiti que ela entrasse.

"O que foi?", perguntou-me ela, surpresa por me ver naquele estado.

Não foi preciso dizer nada, ela sabia que eu estava naquele estado por causa do Giulio.

"Será que é preciso tanto drama, Ana Paula?", questionou ela, a seguir. "Tanto drama por causa de uma deficiência física?"

"Martina, eu choro assim porque sinto pena dele, muita pena. Um homem tão bonito, tão compreensivo, tão romântico..."

"Tá... e com uma perna mecânica... e daí?"

"E daí que eu não nasci para enfrentar esse tipo de coisa. Sou capaz de passar por poucas e boas, mas por isso, não!"

"É, não somos mesmo fortes para lidar com tudo. Eu mesma não sou."

"Por isso ele me disse, aquela noite no restaurante: 'Eu também vim para cá, para Paris, em busca do mesmo mundo, porém, certo de que jamais poderia encontrá-lo.'

E eu disse:

'Eu não entendo...'
E ele me respondeu:
'Um dia, quem sabe, você me entenderá.'
"Era disso que ele estava falando, né?"
"Bidu!"
"Quer dizer que eu não fui a única a rejeitá-lo ao longo da vida por causa da..."
"Não! Não foi!"
"Sinto, agora, mais dó dele por isso..."
"Não é bom sentir dó das pessoas, sabia?"
"Eu não queria sentir, mas..."
"Ouça, Ana Paula, o Giulio é um cara e tanto, se ele tivesse gostado de mim como gostou de você, eu teria me casado com ele. Dado um ponta pé em tudo isso e ido embora com ele, para onde ele quisesse, até mesmo para onde Judas perdeu as botas!"

Sabe, Ana Paula, homem bonito e bom como ele são raros. E a sorte não bate na nossa porta repetidas vezes, meu bem. Ou se pega ou ela... Digo por experiência própria.

Sabe, *chérie,* logo, logo, a gente fica velha, cheia de pelanca, porque a idade chega, não tem química nem plástica que a retarde e nós seremos trocadas por moças mais jovens. Estaremos na rua da amargura ou faxinando por aí. Sabe quantos *strippers* acabam se tornando prostitutas ou garotas de programa, depois que são consideradas velhas demais para serem *strippers?* É melhor até mudarmos de assunto para não nos deprimirmos."

"Você sempre diz que é uma mulher que se preocupa somente com o presente."

"Sim, de fato sou, mas não posso deixar de me lembrar que a velhice um dia chega e velhice para o tipo de atividade que exercemos começa a partir dos trinta anos."

(Quando ela me deu esse conselho eu estava com apenas dezenove anos.)

Quando terminei de narrar essa parte da história da minha vida para minha filha, eu estava com o rosto todo riscado de lágrimas.

– Que pena, mamãe? – consolou-me ela, alisando meus cabelos, carinhosamente.

– Entende, agora, filha, porque eu não me casei com o Giulio?

– Sim, mamãe e acho que teria agido da mesma forma que a senhora se descobrisse o que descobriu a respeito dele.

– Eu queria ter sido forte, Patrícia, para superar esse pormenor a respeito dele, mas... Eu não consegui me ver deitada com ele, fazendo amor, não mesmo, filha.

– Eu compreendo a senhora. Compreendo, sim.

– Nós seres humanos somos tão cheios de vaidade, tão cri-cris que é até uma vergonha.

– Não dá para sermos quem não somos, mamãe. Quem não estamos preparados para ser. Essa é uma frase que ouvi a mãe da minha melhor amiga dizer. Disse que ouviu no Centro Espírita que frequenta.

A vovó nem sabe que eles são Espíritas, se souber é capaz de exigir que eu me afaste deles. Sabe como ela é preconceituosa em relação àqueles que não são da nossa religião.

– Eu sei. Não posso criticá-la porque também sou, como vê, uma mulher também cheia de preconceitos. O que é uma pena, seria bem mais feliz se não fosse...

Fez-se uma breve pausa até que Patrícia me perguntasse:

– E vocês, digo, você e o Giulio nunca mais se encontraram?

Um leve sorriso iluminou minha face a seguir.

– Oh, sim, nos encontramos sim e voltamos a falar um com o outro como dois bons amigos. Estava eu sentada num banco de uma praça com a cabeça jogada ligeiramente para trás para poder receber em abundância o sol bonito que iluminava aquele dia, quando uma sombra caiu sobre mim. Eu, assustada, endireitei a cabeça.

Giulio estava de pé, entre mim e o sol. Olhando para mim, com um de seus sorrisos lindos iluminando sua face, como canhões de luz iluminam um palco.

Eu suspirei de susto e surpresa por vê-lo ali. Ele também, por um motivo diferente do meu, com certeza.

"Lindo dia, não?", comentou em francês.

"Oui", concordei.

Levantei-me e o abracei.

"Poxa, Giulio, que bom te rever, estava com saudade."

Ele afastou-se, mirou meus olhos e indagou:

"Mesmo?"

"Sim. Mesmo. Gosto de você, você sabe disso."

"Sim, eu sei. Um jeito estúpido de gostar... Mas deixa pra lá! Fale-me de você, como vão as coisas?"

Respondi e também quis saber dele. Reatamos a amizade neste dia e desde então ele voltou a frequentar a boate. Acho que tudo ali preenchia um vazio dentro dele.

Depois de reatarmos a amizade foi que eu pedi a ele para me ajudar na mentira que inventei para vocês no Brasil. Giulio, imediatamente, topou fazer o papel de meu namorado, noivo e marido, nas fotos. Por isso vocês receberam no Brasil todos aqueles retratos de mim com ele.

– Agora faz sentido.

Aquiesci.

– A senhora acha que ele ainda gosta da senhora?

– Não sei, filha... Quando alguém por quem a gente se apaixona nos decepciona (Como eu devo ter decepcionado o Giulio), o encanto que sentimos por ela começa a morrer aos poucos ou de uma vez, zás, como um raio que cai numa árvore.

– Talvez com ele tenha sido diferente... Talvez ele ainda goste da senhora...

– Nunca mais falamos sobre o nosso envolvimento. Foi como se tivéssemos posto uma pedra sobre o passado.

– Que bom que ele, apesar de tudo, continuou seu amigo, ajudando-a no que era preciso.

– Você tem razão, Patrícia. Ele é um amigo e tanto.

Aproximei-me de Patrícia e dei-lhe uma última explicação. Algo importante a meu ver, sobre a vida.

169

– Filha, minha filha querida. Ouça bem o que vou lhe dizer. Eu tive mil motivos para me perder na vida, mas eu fui firme, jamais me deixei passar para o lado do mal.

Toda vez que o mundo parecia que iria desabar na minha cabeça eu me mantinha firme e otimista: "Sou brasileira, não desisto nunca!"

Então, a maior lição que eu posso passar para você, minha querida, é essa: o mundo nem sempre vai sorrir para nós, haverá muitos momentos em que portas e janelas se fecharão e nos sentiremos desamparados, com a sensação de que tudo está perdido para nós. Mas lembre-se de que tudo, simplesmente tudo, é temporário, que nenhuma tempestade dura para sempre, que depois do inverno rigoroso vem a primavera, ou seja, tudo é um ciclo, desesperar jamais!

Ouviu, querida? Compreendeu?

Patrícia assentiu com a cabeça.

– Posso dizer, filha, que sou uma mulher de sorte. Uma criatura abençoada por Deus.

Patrícia interveio:

– Mas, mamãe. Como pode se achar uma mulher de sorte, uma criatura abençoada por Deus se é uma dançarina de boate, uma *stripper*? Se tivesse tido sorte mesmo, teria um outro tipo de trabalho, se é que podemos chamar o que a senhora faz de trabalho.

O comentário de minha filha deixou-me temporariamente muda. Buscando dentro de mim por uma resposta perfeita para a sua observação.

– Sabe, querida. Nós temos uma visão muito errada a respeito de tudo. Quando digo "nós", refiro-me à sociedade. No passado, por exemplo. Um passado recente, digamos de passagem, uma atriz e uma cantora eram vistas como depravadas e prostitutas. Mas isso não era verdade, uma atriz era uma atriz, uma cantora era uma cantora da mesma forma que uma professora era uma professora. Mas as pessoas inventaram isso, deturparam a realidade. Não quer dizer que não houve e há atrizes e cantoras depravadas ou que troquem de namorado como se troca de roupa, existiram sim, existem sim, mas o mesmo acontece em toda profissão. Há professores, que, na sua vida particular, também são depravados e trocam de namorados como se troca de roupa.

Uma dançarina é uma dançarina assim como um engenheiro é um engenheiro, como um chefe de cozinha é um chefe de cozinha. Tudo tem sua necessidade, tudo tem seu porque de existir. O resto é preconceito. Tal qual havia e ainda há em relação a mãe solteiras, mulheres divorciadas, ou que cometeram um lapso em nome da carne. Acontece, ora. Se tivéssemos uma bola de cristal para prever o futuro, ninguém cometeria erros, ninguém entraria num casamento ou numa relação afetiva que não daria em nada. Que terminaria em separação.

Hoje penso, filha, que o que acontece conosco acontece por importantes razões. São como lições cujo aprendizado nos será importante em algum ponto dessa vida ou além da morte.

Por isso, minha querida, antes de julgar alguém, reflita. Reflita bem e logo perceberá que ninguém deve ser julgado, que todos estão fazendo o melhor que podem, de acordo com suas escolhas, de acordo, principalmente, com o que a VIDA quer que aprendamos.

Depois de ter contado toda a verdade para a Patrícia a respeito do Giulio, decidi apresentar um para o outro. Ao encontrá-lo na boate contei-lhe que Patrícia estava em Paris e que adoraria conhecê-lo.

Fomos jantar juntos. Os dois pouco puderam falar um com o outro por causa da língua, servi de intérprete para ambos durante todo o jantar o que me deixou bastante exausta.

No dia seguinte demos um passeio pela Champs-Élysées e na despedida o Giulio deu a Patrícia uma linda gargantilha e uma pulseira de ouro com pingentes. Depois de ela agradecer-lhe com beijinhos, ele brincou:

— Diga a sua avó e tios, a sua família em geral que o presente foi dado por seu padrasto.

Traduzi para Patrícia que achou graça do comentário.

— Direi, pode deixar — falou, dando um novo beijo no francês.

Antes de me despedir de Giulio, agradeci a ele, mais uma vez, por tudo que fizera pela menina e por mim.

— Faço o que faço por prazer — respondeu-me ele, acenando e partindo.

Nem bem entramos no apartamento, Patrícia foi mostrar o presente para a Martina.

— Lindo! — exclamou ela admirando as joias. — Tô até com inveja!

— Pode tirar esse olho gordo daí, *chérie* — brinquei com Martina.

— O Giulio é um cara muito bacana — confessou Patrícia com sinceridade. — Não é porque ele me deu o presente, não. É porque, é mesmo, de fato.

— Que partidão sua mãe foi perder, hein? — atalhou Martina, um tanto ácida.

— *Tais-toi! (Cale a boca!)* — falei em tom de zombaria.

O dia de Patrícia regressar ao Brasil, infelizmente, chegou. Foi novamente uma choradeira só, no aeroporto.

Antes de ela seguir para fazer o *check in* eu reforcei o meu pedido:

— Filha. Não esqueça, por favor, do que lhe pedi. Ninguém, mas ninguém mesmo, pode saber da verdadeira vida que eu levo aqui em Paris. Ninguém, compreendeu? Seria uma decepção muito grande para a sua avó.

Não conte nada, absolutamente nada, a respeito do seu avô. Das barbaridades que ele foi capaz de fazer comigo. Eu não me importo, há tempos que já o perdoei. Mas sua avó não o perdoaria, seria capaz de vir até aqui e matá-lo.

— Mesmo ela sendo tão religiosa?

– Mesmo assim, meu bem. Nunca se esqueça de que as pessoas dentro de uma igreja são uma, fora dela, outra.

A menina assentiu. Suspirei. Ela também.

– Posso contar com você?

Assentindo com a cabeça, Patrícia respondeu:

– Sim, mamãe. É lógico que pode contar comigo. Eu já havia lhe prometido que nada diria. E eu jamais quebro uma promessa.

Sua resposta me fez chorar novamente e abraçá-la, forte. Expressando todo o meu amor pela maior preciosidade da minha vida.

– Boa viagem, filha. Ligo amanhã para saber como chegou.

Demos novamente um forte abraço e um forte beijo e ela seguiu seu caminho.

Revendo os últimos acontecimentos em memória cheguei a uma conclusão. Foi melhor Patrícia ter sabido de tudo, isso me tirou um peso danado das costas e nos tornou mais íntimas. Sempre ouvi dizer que há males que vêm para bem, pois bem, esse foi um deles.

Ao voltar para casa encontrei Martina desacordada. Tentei reanimá-la, mas sem sucesso. Chamei uma ambulância e segui com ela para o hospital. Ela havia feito novamente o que não devia: tomado remédios para emagrecer com bebida alcoólica. Como se não bastasse por o dedo na garganta para vomitar as refeições para se manter magra, quando se achava gorda, mesmo não sendo, e isso era quase sempre, ela tomava o que tomou e acontecia o que aconteceu.

Naquela noite, obviamente, faltamos na boate. Não podia deixar Martina sozinha no hospital.

No dia seguinte, assim que ela recobrou os sentidos conversamos a respeito:

– Não se importe comigo, Ana Paula. Eu já tô velha demais... – disse-me ela com voz enfraquecida.

– Não diga tolices. Você tem apenas trinta anos de idade.

– Para o meu ramo de trabalho, como lhe disse, já é considerado uma idosa.

– Ah, vá... vá... Quando você não puder mais ser uma *stripper* encontrará um outro trabalho.

– Não um que me dê o dinheiro que a boate me dá. Além do mais, eu acho que eu não sei viver sem fazer o meu show de *stripper* por pelos menos cinco noites na semana.

É sim, é tão bom ser o centro das atenções, ver todos aqueles homens me desejando, me querendo, esticando os braços para me tocar.

Martina silenciou-se por um tempinho, então, com olhos voltados para o passado, comentou:

– Eu vi uma luz, Ana Paula. Uma luz intensa pouco antes de perder os sentidos. Dizem que todos veem essa luz quando morrem. Só que por algum motivo minha morte foi interrompida. Voltei para a vida...

– E isso não é bom?

– É. Só queria saber por que fui poupada da morte.

– Só Deus sabe, Martina... Mas penso que era porque você ainda tem muito a fazer por aqui.

– Eu era Espírita, sabe? Acho que nunca comentei isso com você, não é? Pois bem... O Espiritismo me deu muita força para viver, enfrentar os obstáculos, encontrar um sentido na vida, foi ótimo até eu vir morar na França.

– O que houve?

– O que houve? Eu digo o que houve. Ninguém aqui sabe quem foi Allan Kardec. Seu túmulo só é visitado por brasileiros. Não tem Centro Espírita por aqui e se tem, nunca descobri um sequer. Tudo isso me fez perceber que me enganei em relação ao Espiritismo. Que o brasileiro, espírita, idolatra um homem, segue seus livros, a doutrina decifrada ou escrita ou sei lá o que, por ele, sendo que ele não significa nada para os franceses.

– Ah tá! – exclamei. – E só porque ele não significa nada para os franceses, você jogou tudo aquilo que acreditava, que fazia sentido para você, no lixo?!

Martina fez muxoxo.

– Que bobagem, não? É o mesmo que dizer para um arqueólogo que levou anos de pesquisa e fez diversas escavações, que seu trabalho é irrelevante (O que não é verdade, afinal, as provas ali estão.) e ele abandonar todo seu trabalho por causa desse comentário.

Acho mesmo, a essa altura da vida, Martina, que devemos seguir a filosofia de vida ou doutrina que faz sentido para nós. Se o catolicismo faz sentido para você, siga-o. Se for o budismo, ou hinduísmo, ou uma das muitas igrejas evangélicas que existem, idem. O que importa é o conforto que a religião lhe passa.

Martina ficou pensativa.

Naquela noite fiquei pensando nas palavras de Martina. E fui por curiosidade visitar o túmulo de Allan Kardec no Cemitério do Père-Lachaise.

Junto ao túmulo, erguido como os dólmens druídicos, lia-se em francês seu lema: "Nascer, morrer, renascer ainda e progredir sem cessar, tal é a lei".

Já ouvira falar dele e do Espiritismo, quem já não ouviu? Principalmente por intermédio de Chico Xavier, o famoso médium brasileiro, que fazia um admirável trabalho social junto aos pobres. Mas nunca havia procurado saber um pouco mais a respeito da vida além da morte, do porquê nascemos onde nascemos, numa família em especial, com certa condição financeira... Penso que seria bom saber um pouco mais sobre tudo isso, pois compreendendo melhor a vida, a nossa existência no cosmos, eu, provavelmente, me daria melhor comigo mesma e com o Universo. E não era pelo fato dos franceses não seguirem o Espiritismo que eu haveria de deixar de conhecê-lo a fundo. Franceses, nem ninguém eram os donos da verdade.

16
É preciso saber viver

    Na minha próxima volta ao Brasil, decidi me dar de presente uma semana num hotel 5 estrelas do Rio de Janeiro, bem de frente para a insuperável Copacabana.
    Ao voltar para casa, encontrei Marcelo ali.
    – Marcelo, que surpresa boa.
    Fui até a ele e o beijei. Estava tão de bem comigo que nem notei o modo frio com que ele me tratou.
    – O Rio continua lindo...
    Foi então que ele falou:
    – Que bonito hein, Ana Paula?
    Virei ligeiramente a cabeça, olhando-o com ar de surpresa. Marcelo, olhava furiosamente na minha direção.
    – Bonito, o quê? – perguntei, surpresa com seu jeito.
    Ele não respondeu, continuou imóvel, sem despregar os olhos dos meus. Havia um sorriso maldoso agora, pairando em seus lábios.
    – O que foi, Marcelo? Por que me olha assim? – perguntei com voz sumida.
    Ele riu, maroto.
    – Não vejo motivo para graça. Diga logo!
    Ele riu ainda mais friamente.
    – Ficou bobo, foi?
    A voz dele elevou-se:

– É verdade?
– O quê?
– O que estão dizendo por aí?
– O que estão dizendo por aí, Marcelo?
– Não se faça de besta, Ana Paula. Você, a essas alturas, já deve estar sabendo que todos na cidade estão sabendo o que você realmente faz em Paris. Qual é o seu verdadeiro meio de ganhar o pão de cada dia...

Fiquei sem palavras.

– Como você pode ter se tornado uma... – continuou Marcelo, enojado –, eu nem consigo falar a palavra.
– Uma o que, Marcelo?! Você bebeu?
– Nós já sabemos que você faz *streep tease* numa boate em Paris.
– Quem disse isso?
– Sua própria filha.
– Ela não faria isso.
– É verdade?!
– Patrícia não teria feito isso comigo...
– Responda-me, Ana Paula? É verdade?! Você é realmente uma...

Fez-se uma breve pausa até que eu tivesse a coragem de assumir diante do meu irmão a minha verdadeira profissão.

– Sim, Marcelo, é verdade.
– Você então é p..., mesmo!
– Não me chame assim!
– Do que quer que eu a chame?! De cortesã, de meretriz como nos velhos tempos?! Ou de garota de programa como nos tempos atuais? Por qual desses substantivos você quer ser chamada?
– Sou sim uma *stripper*. Mas não sou nem nunca fui uma prostituta.
– Uma *stripper* e uma prostituta são a mesma coisa. Não há diferença alguma, todos sabem.
– Todos?

– A sociedade, Ana Paula. A sociedade!

O clima pesou ainda mais entre nós. Marcelo ficou quase dois minutos em profundo silêncio, respirando pesado, até que me mostrasse sua revolta novamente:

– Estou decepcionado com você, Ana Paula. Eu a admirava. Falava de você com tanto orgulho e agora... Vou ser motivo de sarro de toda a galera. Conhecido como o irmão da prostituta na Europa.

– Eu não sou uma...

Contive-me para não chorar. Com grande esforço me expliquei:

– Esse foi o único trabalho que encontrei, que poderia ter-me dado o dinheiro de que eu precisava para me sustentar na Europa e mandar para vocês no Brasil.

Ele deu de ombros. Sem me deixar desmoronar, prossegui:

– Não se esqueça de que foi com esse dinheiro que comprei uma casa para a mamãe, Patrícia, Décio e você! Foi com o mesmo dinheiro que paguei seus estudos, lembra? É, eu paguei os três anos de sua faculdade de administração, mais cursos e material escolar... Não estou cobrando, fiz tudo com muito gosto, para...

Ele me interrompeu, bruscamente:

– Ouça bem o que vou lhe dizer, Ana Paula! Muito bem! Se a mamãe tiver um treco por sua causa, eu não vou perdoar-lhe jamais. Jamais, ouviu? Eu vou infernizar a sua vida até o fim dos tempos.

– A mamãe não precisa saber de nada...

– Ela já sabe, sua indecente! A cidade inteira já sabe. Não se fala noutra coisa senão nisso. Será que você ainda não entendeu?!

– Eles não têm prova... nenhuma prova!

– Eles têm, sim!

Meus olhos se arregalaram, meu queixo tremeu.

– Que provas são essas?

– Uma foto, segundo soube, de você dançando de biquini na boate, com a parte do biquini de baixo cheia de notas de dinheiro. Me parece que vão publicar essa foto no jornal da cidade.

– Essa foto não pode existir. Se foi realmente a Patrícia quem falou alguma coisa, ela não pode ter apresentado uma foto para comprovar o que sou. Nunca a vi com câmera fotográfica alguma, além do mais é proibido entrar na boate com câmeras.

– Mas a foto existe! Eu não vi, mas existe. Pergunte a sua filha. Ela pode lhe dar maiores detalhes.

Outro silêncio caiu sobre a sala.

– Marcelo... – tentei falar, mas não fui além disso.

Ele, no limite da tolerância, aproximou-se de mim e falou novamente com todas as letras:

– Se a mamãe tiver um treco por sua causa, eu não vou perdoar-lhe jamais. Jamais, ouviu?

Eu ia me defender quando a voz dele soou ainda mais alta e mais ardilosa:

– Você é uma vergonha, Ana Paula. Uma imoral, uma indecente... Eu tenho nojo de você. Não é vergonha não, é nojo mesmo. Asco!

Sem mais, atravessou a porta da sala, batendo-a com toda força ao passar e partiu, rangendo os pneus do carro, que comprou com o dinheiro que tomara emprestado de mim para pagar 50% dele e nunca acertou um centavo sequer.

Fiquei ali, sentindo outra vez o chão sumir dos meus pés, sentindo o mundo quase perfeito, que construí ao longo daqueles anos, desmoronar a minha volta.

– E agora? – perguntei novamente à vida. – E agora?

Mas a vida, como de costume, não me respondeu de imediato.

Sem saber mais o que fazer, decidi ligar para o Décio que, depois de casado, havia ido morar no Rio de Janeiro. Foi ele mesmo quem atendeu o telefonema.

– Décio? Você já está sabendo? Não, ninguém morreu não, Décio. É outra coisa. Será que você pode vir para a casa da mamãe, agora? É, agora! Vou precisar de você e do seu bom senso e da sua calmaria por aqui. Venha, por favor.

Desliguei o telefone com a esperança de que meu irmão chegasse ali o mais rápido possível. O que não aconteceu, o trânsito não lhe permitiu.

Ouvi, então, o portão da frente da casa se abrindo e, logo após, passos, acelerados pela varanda. A porta se abriu de supetão e Patrícia, branca, apareceu. Ao me ver correu até a mim e me abraçou.

– Oh, mamãe, mamãe... – dizia ela, chorando convulsivamente.

Afaguei-lhe os cabelos e pedi que se acalmasse.

– Tudo ficará bem, querida, não se desespere.

– A cidade inteira está falando da senhora. Dizendo as piores coisas a seu respeito. Eu tentei defendê-la, mas ninguém quis me ouvir. É horrível, mamãe. Horrível...

Ela tornou a derramar um pranto angustiada.

Falei novamente, com a mesma voz calma e cuidadosa:

– Não se preocupe, meu amor. Eles não sabem o que dizem.

Fechei os olhos e engoli em seco. Sob a maquiagem, meu rosto estava tão branco quanto o de minha filha.

– Foi tudo culpa minha, mamãe. Tudo culpa minha.

– Ninguém tem culpa de nada, filha.

Ela afastou o rosto, encarou-me com seus olhos turvos de tristeza e declarou:

– Eu tenho! A senhora me pediu para não contar para ninguém a seu respeito e eu prometi que não faria, mas, então... achei que eu não faria mal se contasse para o Marco Aurélio. Somos namorados, a senhora sabe. Já há um bom tempo e... bem... eu confiava nele. Muito.

– Respire, Patrícia. Respire e acalme-se.

Mas ela continuou num fôlego só:

– O Marco Aurélio não acreditou em mim, então fui obrigada a lhe mostrar a foto da senhora dançando na boate.

– Foto?! Que foto é essa? Ninguém pode entrar lá e fotografar as dançarinas. Como conseguiu me fotografar?

– Não fui eu, mamãe.

– Não?! Quem foi, então?!
– O vovô.
Meu rosto murchou com uma flor, à velocidade da luz.
– Explique-se melhor, Patrícia, por favor.
– O vovô, naquele dia em que a senhora passou na boate para apanhar seu pagamento, enquanto eu esperava pela senhora, ele veio até a mim e me deu a foto, dizendo: é uma lembrança para você. Guarde-a com carinho. Não comente com sua mãe a respeito, ela pode querer implicar comigo, você sabe como ela implica... Sem mais delongas se retirou. Atendi ao seu pedido, pois gostei da foto, queria trazê-la comigo para o Brasil, guardá-la com carinho e...
– Papai outra vez... – murmurei. – Ele fez de propósito, para que a mamãe encontrasse a foto sem querer ou qualquer outra pessoa...
– Oh, mamãe, eu pus tudo a perder. Eu sinto muito.
Apertei novamente minha filha entre os meus braços e repeti, em intervalos cada vez mais curtos:
– Eu a amo, Patrícia. Eu a amo muito, querida. Nunca se esqueça disso.
– Será que a senhora pode me perdoar?
– Perdoar? Não há o que perdoar, filha. Jamais me zangaria com você por causa disso... Não mesmo.
– Eu a amo, mamãe. E não importa o que as pessoas da cidade, do país ou do mundo digam a seu respeito, sinto muito orgulho da senhora. Muito, mesmo!
– Que bom! Isso me engrandece e me dá forças para enfrentar a tempestade que está por vir.
Ficamos entrelaçadas uma a outra por quase meia hora. Só nos desprendemos quando percebi que mamãe havia chegado.
– Vá para o quarto, filha. Preciso falar a sós com sua avó.
– Está bem, mamãe.
Patrícia me deixou na sala, tensa. Crispava as mãos de tanto nervoso e ansiedade. Teria mamãe sabido da verdade por meio dos fofoqueiros da cidade?

Ao ver seu semblante, descobri que sim. Ela entrou na sala com uma expressão horrível, deformando-lhe a face.

Tudo o que conseguiu atravessar meus lábios naquele instante foi:

– Mamãe, que bom que a senhora chegou. Estava preocupada com a sua demora...

Dona Rosa me encarava como alguém subitamente despertado de um pesadelo.

– Sabe o que estão dizendo por aí a seu respeito, Ana Paula? – disse-me ela, friamente.

A cor assomou ao meu pescoço.

– Sei, sim, mamãe. O Marcelo já me disse.

– Como podem ser tão maldosos? O ser humano não tem jeito mesmo, por inveja são capazes de dizer as piores coisas sobre uma pessoa.

– Mamãe...

Sua voz se sobrepôs a minha, por isso parei.

– Afirmam que foi a Patrícia quem inventou essa barbaridade a seu respeito. Onde já se viu? Nunca ela faria uma coisa dessas com você e comigo. Eu a criei, sei muito bem que ela não seria capaz de fazer uma maldade dessas.

– Mamãe...

– Dizem até que existe uma foto de você dançando de biquíni e que o jornal da cidade vai publicar...

– O Marcelo também já me contou a respeito.

– Que gente maldosa e invejosa.

Fez-se uma breve pausa até que eu tentasse direcionar a conversa para outro ângulo.

– Mamãe...

Ela fixou o olhar no meu, parecendo ler meus pensamentos. Meus lábios se moveram por diversas vezes, mas me faltou coragem para dizer o que eu achava ser necessário.

O rosto de mamãe escureceu, então. Foi como se uma sombra houvesse caído sobre ele.

Agora foram seus lábios que se moveram, sem conseguir emitir som algum. Levou quase três minutos até que ela conseguisse pôr para fora o que torturava sua mente e seu coração:

– Diga que é mentira, Ana Paula. Que tudo o que estão dizendo lá fora, é mentira.

Tremi.

A voz ardida dela elevou-se rispidamente:

– Diga-me que é mentira, Ana Paula! Estou esperando, vamos!

Tudo o que eu mais queria naquela hora era suavizar a situação, mas como? As palavras do Marcelo voltaram a ecoar na minha mente:

"Ouça bem o que vou lhe dizer, Ana Paula! Muito bem! Se a mamãe tiver um treco por sua causa, eu não vou perdoar-lhe jamais. Jamais, ouviu? Eu vou infernizar a sua vida até o fim dos tempos."

"A mamãe não precisa saber de nada..."

"Ela já sabe, sua indecente! A cidade inteira já sabe. Não se fala noutra coisa senão nisso. Será que você ainda não entendeu?!"

Engoli em seco e fui adiante:

– Tudo mãe, tudo o que estão dizendo lá fora a meu respeito é realmente verdade.

A voz dela ergueu-se ainda mais:

– Não é, não! Você é uma mulher bem casada!

Foi até a escrivaninha onde guardava as fotos que eu lhe mandava e me mostrou.

– Veja! Aqui está você com seu marido! As fotos não mentem.

Suspirei e respondi:

– Mentem, sim, mãe. Infelizmente, mentem.

Ela parou, fixou novamente o seu olhar no meu. Pude ver que tremia agora por inteiro.

– Você não pode ter feito isso comigo, Ana Paula... Ter feito isso conosco.

A amargura na voz de mamãe caiu sobre mim como um ácido corrosivo.

– Você era o orgulho da minha vida. De quem falava com tanto gosto.

– Ainda pode sentir orgulho de mim, mamãe.

– Orgulho?... Orgulho de uma moça de vida fácil?! Uma imoral e indecente?!

– Mãe, deixe-me explicar, por favor!

Ela começou a chorar.

– Por favor, Dona Rosa, ouça...

– Eu não quero ouvir nunca mais a sua voz.

– Mãe, não complique ainda mais as coisas para nós...

– Você é uma imoral... Uma imoral...

– Mamãe, por favor... Eu lhe imploro!

O choro calou-nos a voz por longos minutos.

Décio então chegou. Ao nos ver, assustou-se.

– O que está acontecendo, aqui?

Foi mamãe quem respondeu:

– Sua irmã, filho, sua irmã é uma vagabunda.

Ele sentou-se ao lado dela e a confortou em seu ombro.

– Calma, mamãe.

Voltando a chorar, convulsivamente, Dona Rosa continuou:

– Que desgosto, meu Deus! Que desgosto. Que vergonha... O que as pessoas vão pensar de mim... Devo estar sendo ridicularizada pela cidade inteira.

– Deixe a cidade falar o que quiser, mamãe. Mesmo a gente sendo correto eles falam, então...

– Eu não vou suportar tudo isso.

Décio confortou minha mãe com muito carinho. Só então, perguntei a ele:

– Você já sabe do que a cidade toda está falando?

Ele mirou seus olhos castanhos bonitos nos meu e respondeu:

– De certo modo, Ana Paula, eu sempre soube.

Sua revelação me chocou.
– C-como?
– Intuição, sei lá.
– E nunca me disse?
– Pra quê? Era algo que você se esforçava tanto em esconder que achei melhor continuar fingindo que nada sabia.
– Mas...
– Só pedi a Deus que a verdade nunca viesse à tona para que ninguém sofresse.
Assenti, lacrimejando.
– Quem foi que deu com a língua nos dentes?
– Foi Patrícia, mas ela não fez por mal.
Contei a ele como tudo aconteceu.
– Eu vou falar com o Clemente, o dono do jornal, agora mesmo. Lembra-se dele? É meu amigo de infância. Ele há de impedir que essa foto seja publicada.
– Faria isso por mim?
– É lógico que sim, minha querida.
– Você é mesmo um irmão e tanto, meu adorado.
– Você também é uma irmã e tanto.
Mamãe pareceu voltar à realidade.
– Se você sabia de tudo, Décio, por que nunca me disse?
– Ah, mamãe, já falei... e, sinceramente, nunca me importei com o fato, pois uma dançarina de boate não é uma prostituta, nem uma garota de programa, nem sei lá mais o quê. Mas ainda que Ana Paula fosse qualquer um desses substantivos eu ainda estaria ao seu lado para o que desse e viesse, pois eu a amo, muito. É minha irmãzinha adorada.
Mamãe desvencilhou-se do seu abraço e levantou-se, rígida.
– Mamãe! – chamou Décio.
Mas ela não respondeu, seguiu para o quarto e se fechou dentro dele.
– E agora? – perguntei encarando novamente meu irmão.

– E agora? – respondeu ele, envolvendo-me em seu abraço gostoso. – Entregue para Deus!
– Você é muito bom para mim.
– E você foi sempre tão boa para nós.
– O Marcelo me disse poucas e boas, sabia?
– Eu faço ideia. Ingrato como sempre foi. Mas eu vou falar com ele. Lembrá-lo de que essa casa foi comprada e é sustentada com o seu dinheiro.
– Não quero causar mais problemas entre nós.
– Fique tranquila.
Sorri.
– Agora vou falar com a mamãe. Antes, porém, levarei um calmante natural para ela tomar.
– Isso mesmo.
Ao me ver só na sala, já não me sentia mais angustiada como antes. A tormenta parecia ter se suavizado.
A vida me punha contra a parede outra vez, mas nada me faria desistir nem que o mundo caísse sobre a minha cabeça.

Naquela mesma noite, assim que saiu de casa, Décio foi até a casa do amigo, dono do jornal, e lhe pediu encarecidamente, em nome dos velhos tempos de criança, que não publicasse a foto.
– Será um furo e tanto, meu amigo – comentou Clemente.
– Eu sei, Clemente, mas, por favor...
– Se eu puser a foto da sua irmã no jornal eu vou vender como nunca vendi em toda a minha história como editor.
– Eu sei, mas...
– Eu poderia vender a matéria para os grandes jornais do país, o que me daria também muito dinheiro.
– Eu também sei disso.
– E você quer que eu perca tudo isso, assim de graça?
– O que espera que eu faça? Que eu pague para você o prejuízo que vai ter?

Clemente riu.

– Não, meu amigo! Não quero nada não. Só estava brincando com você! Só peguei a foto que a dona Suzana me trouxe e prometi a ela que a publicaria no jornal só para tirar a bendita da foto da mão daquela peçonhenta.

Em minhas mãos, sua irmã estaria segura, nas dela e na de outro editor de jornal, não. Por isso menti.

De dentro do bolso, Clemente tirou a foto e entregou ao amigo.

– Clemente, meu caro, estou pasmo!

– Décio, querido! Sou Cristão, né?! Dentro e fora da igreja sou o mesmo, hipócrita eu seria não sendo, pisando nos outros para subir na vida. Acredito em reencarnação meu caro, em carma. Também frequento Centro Espírita.

Décio, emocionado, agradeceu ao amigo com um forte abraço e partiu. Ao chegar a sua casa me ligou e me contou tudo isso. Aquilo me deixou mais tranquila.

17

Minutos depois, mamãe atravessava a sala em direção à cozinha para preparar algo para jantar.
Fui atrás dela, precisava lhe falar, não dormiria se não o fizesse.
– Mamãe, eu só queria que a senhora soubesse que sinto muito se a magoei.
– Outra vez...
– Sim, mamãe. Outra vez. Mas a vida quis assim... É tudo que lhe poso dizer. Sou responsável por meus atos, mas também sofro influências dos que me cercam, de suas atitudes, da economia do país, das transformações que o tempo acarreta em mim.
– Quer dizer que aquele demônio do seu pai continuou o mesmo demônio de sempre?
– É, mas foi ele quem acabou me ajudando a trabalhar na boate.
– E onde já se viu um pai incentivar a filha a ser uma... Nem pai, nem padrasto faz isso.
– Como o próprio papai me disse, certa vez:
"Nunca se esqueça, Ana Paula. Nunca, mesmo. Foi graças a mim, seu pai aqui, que você conseguiu tudo o que conseguiu nesses dez anos. Se eu não tivesse sido durão com você, quando chegou a Paris, você não teria prosperado como queria. Teria trabalhado num emprego chinfrim, ganhando uma merreca para se arrepender mais

tarde e perceber que já estava velha demais para fazer o que realmente poderia lhe dar o dinheiro que tanto queria.

Você deveria se ajoelhar aos meus pés, beijá-los, em agradecimento pelo que fiz por você. Posso não ter feito nada por muitos anos pela sua mãe e seus irmãos, e por você também, mas, no final, por seu intermédio, eu consegui lhes dar alguma recompensa pelos anos de minha ausência."

Mamãe, indignada comentou:
– Que filho da mãe!
– Eu aprendi a aceitar o papai como ele é, sabe, mãe? Por perceber que ele não tem condições de ser diferente. Não tem maturidade ou, como diriam os espíritas: evolução.

Suspirei. Mamãe também.
– Sabe, mãe, foi uma barra minha mudança para a Europa. E o que me fez manter a cabeça no lugar foi a senhora e a Patrícia. Por vocês, para lhes dar uma vida mais decente, aceitei fazer da minha vida o que fiz.
– Pois não deveria.
– Mas fiz com gosto.
– Ainda assim, tudo o que fez só me causou desgosto. Não posso mais sair na rua, ir sequer à missa... Não tenho coragem de encarar as pessoas.
– Tudo um dia passa, mamãe.
– Não, Ana Paula, a vergonha nunca passa.

Ouvimos a porta da frente da casa se abrindo, Marcelo retornava ao lar. Estava bêbado.
– E aí, Ana Paula – zombou de mim – que horas começa o show de strip-tease?

Mamãe olhou para ele sem entender.
– Sabe o que é strip-tease, Dona Rosa? – perguntou ele, com voz alcoolizada.

Diante da interrogação no rosto de minha mãe, Marcelo destilou mais uma vez seu veneno.

– *Strip-tease* é quando uma mulher vai tirando a roupa aos poucos para um homem até ficar completamente nua. Nuazinha em pelo.

Ele riu, arreganhando os dentes de forma grosseira e continuou venenoso:

– Mas amanhã todos vão poder ver a grande Ana Paula numa de suas performances.

– Não irão mais, Marcelo! – atalhei. – O Décio conversou com o dono do jornal e ele não vai mais publicar a matéria.

Ele perdeu o rebolado por segundos, antes de opinar:

– Pois o dono do jornal seria um cretino se não o fizesse.

Bufei.

– Você, por acaso, pensa que todos são iguais a você? Não são não, meu irmão. Não mesmo!

Ele, desagradável como todo alcoólatra, continuou:

– Se o dono do jornal jogou fora esse furo ele é definitivamente um burro. *Nhoinc, nhoinc!!*

– Há ainda pessoas íntegras e de caráter neste mundo, Marcelo. Pessoas em quem você deveria se espelhar.

– Blá, blá, blá... Fui!

Voltando-me para minha mãe, fiz um adendo:

– Só para esclarecer para a senhora. *Strip-tease* é um e.Espetáculospetáculo em que uma pessoa se despe lenta e sugestivamente, com uma música de fundo ou de dança. Embora a maioria das pessoas que fazem *strip-tease* sejam mulheres, também existem homens strippers. A pessoa que trabalha em *strip-tease* em boates é chamada de *stripper*. Uma mulher que trabalha em *strip-tease* sem ficar completamente nua é chamada de *showgirl*. Eu era na verdade, ou melhor, sou, uma showgirl, pois nunca ficava nua completamente.

Minha mãe me encarou como se tivesse ouvido uma heresia.

A fim de tomar um pouco de ar, saí para a calçada.

Nossa vizinha do lado direito da casa, Dona Isaura, uma senhora magra, alta, de pescoço fino e enrugado, cabelos mal penteados e um ar de quem desaprova, de forma geral e por princípios morais, tudo o que se passa no Universo, surgiu na frente da sua casa, assim que me viu parada em frente à minha.

– Ana Paula – chamou ela, com sua voz de taquara rachada.

– Pois não, Dona Isaura?

Já tinha tido a oportunidade de conhecê-la e de até ter tomado café na sua casa a convite dela mesma, nas outras vezes em que viera ao Brasil.

A mulher, fulminando-me com os olhos, desatou a me julgar:

– Que vergonha, Ana Paula... Eu que a vi crescer. Que sei de todo sacrifício que sua mãe fez para criá-la e você lhe devolveu só ingratidão e vergonha. Encheu sua casa de vergonha. Você não merece nada que venha de Deus. Muito menos o reino dos céus. Há de sofrer no purgatório por toda farsa que armou, por toda vergonha que causou a sua família.

– Dona Isaura...

Tentei me defender, mas ela não me deixou.

– Calada, sua indecente, sua imoral. Nunca mais me dirija a palavra. Seria melhor até que nunca mais pusesse os pés nesta cidade.

Sem mais, voltou para dentro de sua casa, trancafiou a porta e fechou a cortina da janela da frente de onde podia me ver.

Refleti sobre aquelas palavras.

Deveria eu ir realmente para o purgatório por ter sido uma dançarina, uma *stripper*, uma *showgirl*? Deveria uma prostituta ir também? Será que não era um julgamento errado?

E os que pagavam por elas deveriam ir também para o mesmo lugar? E os que as procuravam porque as esposas não lhe permitiam mais ter noites de amor? Elas também eram culpadas, de certa forma. Deveriam elas também ir ao purgatório?

Quantas perguntas sem respostas, eu diria para mim mesma, no passado, quando mocinha, inexperiente com a vida. Agora, não mais; eu sabia a verdadeira história por trás da maioria das *strippers*.

Pelo menos delas. Sabia que suas vidas não eram, nem nunca foram, um mar de rosas e que haviam se tornado *strippers* por necessidade de emprego, para poderem pagar suas contas no final do mês e até mesmo de seus familiares.

Agora, eu sabia que era muito importante refletir bem antes de julgar alguém. Obter informações da vida dessa pessoa, detalhes por trás das aparências, pois, certamente, encontraríamos ali razões mais do que suficientes para compreender o porquê de elas se tornarem o que se tornaram.

Eta mania feia que o ser humano tem de julgar os outros sem colher detalhes profundos de sua vida. E pior, sem olhar para o próprio *rabo*.

Enquanto fiquei conversando com o Décio e a mamãe na sala, Patrícia havia pulado a janela de seu quarto, dado a volta na casa, aberto o portão que dava para a rua com extremo cuidado para não fazer barulho e seguido até a casa do namorado.

Chegando lá, foi recebida à porta pela empregada.

– Preciso falar com o Marco Aurélio. Ele está?

A empregada afastou-se para lhe dar passagem. Patrícia passou por ela como um raio, andava ligeiro, aflita.

Marco Aurélio ao vê-la entrando no seu quarto, abriu a boca e soltou um "oh!" de consternação.

– Patrícia, você, aqui?!

– Você... – murmurou ela com voz indignada –, você contou a respeito da minha mãe para os outros? Aquilo que eu tanto pedi para não fazer? Como pôde?! Como pôde me trair dessa forma?!

Marco Aurélio não respondeu de pronto. Olhava fixamente para o par de olhos castanho-claros de Patrícia, olhos avermelhados de desespero e de tanto chorar.

A resposta saltou à boca do rapaz com uma calma fora do normal:

– Responda, Marco Aurélio, me responda se for homem – insistiu ela, aflita.

– Eu não pensei que...

Ela o cortou bruscamente:

– Eu lhe disse tanto para não contar pra ninguém... Que isso poderia complicar a vida da minha mãe. Destruí-la.

– Mas eu pensei que...

– Você me prometeu.

– Sei que prometi, mas achei que...

– Você não tinha de achar nada! Absolutamente nada!

– Patrícia, eu não esperava que a minha mãe fosse pôr a boca no mundo!

– Eu confiava em você.

– Eu também confiava em minha mãe. Jamais pensei que ela fosse comentar com alguém. Ainda mais depois de eu lhe pedir tanto.

– Eu...

Patrícia parou. Só então ela percebeu o que ele de fato havia dito.

– Você disse: mãe?!

– Disse, sim. Eu só contei para a minha mãe. Só para ela, entende?

– Mas eu lhe pedi para não contar pra ninguém, ninguém, lembra?

– Mas eu confiava nela da mesma forma que você confiou em mim. Você também descumpriu o trato que fez com sua mãe ao me contar seu segredo.

Patrícia gelou.

– É verdade ou não é?

Ela foi obrigada a concordar. Marco Aurélio, continuou:

– Pois bem. Você só me contou porque confiava em mim da mesma forma que eu contei a minha mãe por confiar nela. Jamais pensei, juro, por Deus, que ela fosse pôr a boca no mundo.

Ele suspirou antes de acrescentar:

– Quanto a foto...

– Foto?! Que foto?!

193

— A foto da sua mãe dançando, bem, eu tive de pegá-la às escondidas no seu quarto quando fui fazer o trabalho de escola com você. Minha mãe duvidou da minha palavra e quis ver a foto para ter certeza de que eu não estava inventando coisas.

Patrícia estava agora chocada.

— Você pegou a foto do meu quarto sem me pedir autorização?

Ele baixou a cabeça e começou a chorar.

— Isso é roubo, sabia?

Ele, evitando os olhos dela, confessou:

— Eu pretendia devolvê-la logo depois de mostrar para a minha mãe, mas...

Ela aproximou-se dele e falou, duramente:

— Marco Aurélio!...

Ele com muito custo olhou para ela. Patrícia, então, lhe deu um tapa no rosto.

— Nunca mais! — afirmou, encolerizada. — Nunca mais me procure.

Ele reagiu.

— Não, Patrícia — ele a segurou pelo punho —, não faça isso com a gente. A gente se ama.

Ela virou-se rápido para ele e respondeu, cuspindo-lhe as palavras:

— Eu o amava, agora, o que sinto por você é ódio.

— Não faça isso conosco.

— Já fiz.

Num puxão ela soltou o punho da mão dele e deixou o quarto. Na sala encontrou Suzana, a mãe de Marco Aurélio.

Suzana a olhou com desdém e pouco caso. Patrícia achou melhor partir sem lhe dirigir a palavra. Mas nem bem deu um passo, voltou-se rapidamente para a mulher, mirou fundo seus olhos e disse, com todas as letras:

— Quero que saiba, que sinto muito orgulho da minha mãe. Muito!...

Suzana a interrompeu, friamente:
— Pois não deveria. Ela não passa de uma p...
— Ela não é uma...
— Não queira tapar o sol com a peneira, garota.
— A senhora...
Suzana novamente interpelou suas palavras:
— Eu entendo você, minha jovem. Entendo, sim. Não é fácil para uma filha reconhecer que a mãe não passa de uma meretriz de luxo. Que vende o corpo da mesma forma que vendeu a alma para o diabo.
— Não fale assim da minha mãe.
— Estou na minha casa e falo como quiser, garota!
Nisso, Marco Aurélio apareceu na sala e ao ver a mãe, explodiu em tom acusador:
— Está vendo, mãe? Está vendo o que a senhora me aprontou?
Suzana, muito paciente, respondeu:
— Eu o livrei de uma enrascada, meu filho, só que você é muito jovem e como todo jovem muito estúpido para compreender o bem que lhe fiz.
— Peça perdão a Patrícia, mamãe.
O tom dele era de súplica. O dela, a seguir, foi de despautério.
— Não me faça rir, Marco Aurélio, por favor.
Sem ter mais estômago para presenciar aquele dramalhão mexicano, Patrícia partiu. Marco Aurélio fez menção de ir atrás da jovem, Suzana segurou o filho pelo braço.
— Daqui você não sai.
Patrícia partiu, sentindo como se o mundo fugisse dos seus pés. Marco Aurélio ficou na casa sentindo o mesmo.
Por preconceito, por maldade alheia, um casal que se amava tanto foi separado sem dó nem piedade.
Quando Patrícia me contou o que havia feito, já era noite. Tudo que fiz foi consolá-la. E pedir a Deus que tudo voltasse às boas entre os dois.

195

18
Por entre as flores do perdão...

No dia seguinte, Marco Aurélio veio até em casa procurar por Patrícia. Fui eu quem o recebeu ao portão.
— Dona Ana Paula!...
Abri os braços, num gesto amigável, convidando o rapazinho para um abraço. Marco Aurélio sentiu o encanto e a graça do gesto.
— Desculpe, Dona Ana Paula. Jamais pensei que minha mãe fosse descumprir o trato que fez comigo. Eu pedi a ela para não dizer nada e ela me jurou que não faria. No entanto...
— A língua coçou. E quando a língua coça, meu filho...
O menino fez ar de interrogação.
— Segredos são algo que a maioria das pessoas não consegue guardar. Aquele que consegue é um ser raro, por isso não se culpe... E Patrícia lhe perdoará pelo seu descuido e vai reatar o namoro de vocês. Seria muito estúpido terminar por uma bobagem dessas.
Tratei-o como se nada tivesse acontecido e ele me tratou com a mesma gentileza de sempre. Foi bom saber que nada do que soube a meu respeito afetou a nossa relação. Isso me deu a certeza de que ele era uma rapaz e tanto, nada a ver com sua mãe.
Isso me fez refletir sobre os filhos que não puxam aos pais, digo, os mais desmiolados e sem caráter, tal como Suzana, por exemplo. Patrícia não puxara, em nada, a Marcão da mesma forma que Marco Aurélio não puxara, em nada, a sua mãe.

Levei Marco Aurélio até a sala de TV onde minha filha estava sentada no sofá, toda encolhida, quieta, ainda aborrecida com tudo que havia acontecido.

O rapaz olhou para a jovem e perguntou:

– Posso falar com você, Patrícia?

Sua voz estava por um fio. Ao perceber que minha filha lhe negaria o pedido, intercedi a favor dos dois:

– Sente-se, meu rapaz.

– Bem, eu...

– Acho que seria melhor para vocês conversarem na sacada. Lá terão mais chances de não serem interrompidos por ninguém.

Pelos olhos de Patrícia percebi que ela não pretendia falar com ele, mas eu a encorajei com o olhar e a guiei até lá.

Fiz os dois sentaram-se cada um numa cadeira de vime e disse:

– Conversem à vontade. É preciso, para pôr os devidos pingos nos "is".

Retirei-me. Depois que desci houve um longo silêncio.

O mocinho, então, pigarreou para tirar o nó da garganta, o nó que ardia tanto quanto a culpa por ter revelado a sua mãe o que prometera guardar segredo e disse:

– Eu precisava vir aqui falar com você... eu...

Patrícia murmurou com desprazer:

– Não consigo mais olhar para você e ver algum encanto, Marco Aurélio.

Ele tentou se defender mais uma vez, mas ela não permitiu.

O jovem tomou finalmente coragem e caminhou até a cadeira de vime que estava ao lado da que Patrícia se sentara. Ajeitou-se ali, enquanto ela endireitava o corpo numa posição muito ereta, relutando em olhar para o namorado.

Ele, então, com jeitinho tomou outra dose de coragem e pousou sua mão na dela e falou com voz adequada para a ocasião:

– Me perdoa por ter falado o que não devia. Por favor!

197

Ela se manteve fria e distante. Ele, continuou sem esmorecer:
– Pisei na bola, eu sei, mas... Se eu soubesse que ia dar no que deu, juro por Deus que não faria. Você tem de acreditar em mim, Patrícia. Por favor.
Ela continuou ausente.
– Sua mãe há pouco me recebeu de braços abertos. Fiquei espantado, pensei que estivesse me odiando tanto quanto você, mas...
– Isso mostra o quanto ela é maravilhosa – retrucou Patrícia.
– Isso faz com que eu a admire ainda mais. O que serve para mostrar mais uma vez a todos sua bondade e humanidade.
– Sem dúvida.
Fez-se uma nova pausa até que ele falasse:
– Eu vim aqui lhe pedir uma nova chance, Patrícia. É... uma nova chance em nome do nosso amor. Nada do que aconteceu afetou o que sinto por você. Nem o que sinto pela sua mãe.
Patrícia, olhos lacrimejantes, finalmente voltou os olhos para ele.
– Você me magoou muito, Marco Aurélio. Muito mesmo.
– Eu sei. E isso era o que eu menos queria na vida.
Novo silêncio.
Então ele se levantou e estendeu a mão para ela. Cansada de lutar contra aquele sentimento bom que sentia pelo rapaz, Patrícia levantou-se. Ele a envolveu em seus braços e murmurou em seu ouvido direito:
– Eu amo você, Patrícia, muito!
Patrícia escondeu o rosto no ombro dele e soluçou confortavelmente. Lembrou-se de como a mãe fora bondosa diante do lapso do namorado e se ela fora, deveria ser também.
Quando percebi que tudo havia se acertado entre os dois voltei à ampla sacada de nossa casa, batendo palmas.
– É assim que se faz – elogiei. – Um grande amor não pode, não deve morrer assim.
Os dois sorriram para mim e me envolveram num abraço, apertado.

– Vocês hão de me dar muitos netos – brinquei. – Um mais lindo do que o outro.

O rosto do rapaz voltou a se entristecer.

– O que foi? Disse alguma coisa errada?

Ele desabafou:

– Acontece, Dona Ana Paula que minha mãe não quer mais que eu namore a Patrícia por ser filha da senhora, bem, eu não acho isso certo, não mesmo, mas se for preciso terei de ficar contra a minha mãe, pois eu não quero me separar da Patrícia. Sou capaz até de fugir com ela.

– Calma, meu rapaz. Vamos manter a cabeça no lugar. Sua mãe está ainda muito chocada com tudo que aconteceu, com tudo que soube a meu respeito e, acredito que ela, assim que a poeira baixar, voltará atrás na sua decisão.

– A senhora não conhece a minha mãe, Dona Ana Paula.

– Conheço, sim, meu querido. Estudamos juntas no passado. Sei que ela é difícil. Mas nem pedra permanece a mesma diante de pingos d'água.

– Não seria melhor a senhora falar com ela?

– Você acha?

– Sim.

– Está bem, vou tentar.

Eu sabia que meu encontro com Suzana não seria nada fácil, ainda assim fui, otimista, otimista como nunca até sua casa tentar um diálogo com ela.

Por minha filha, por Marco Aurélio, que era um doce de rapaz, em nome do amor tão puro e sincero como o dos dois, eu era capaz de ir até aos infernos, se preciso fosse.

De dentro da casa da família de Marco Aurélio vinha um murmúrio de vozes. A família encontrava-se na sala de estar, conversando descontraidamente e logo percebi que eu era o tema central da conversa.

Por sorte a porta da frente da casa fora esquecida destrancada, por isso entrei, com o queixo levantado e certa rapidez. Cumprimentei a todos e falei com voz adequada para o momento:

– Desculpe-me por entrar assim, mas eu preciso muito falar com vocês. É a respeito de Marco Aurélio e de, minha filha, Patrícia.

Senti uma curiosa mudança na atmosfera assim que todos se deram conta de que era eu quem estava ali. Havia confusão, tensão, e, finalmente, uma espécie de precaução no ar.

Eu, então, repeti o que disse, com a voz destituída de medo e acrescentei:

– Soube que você, Suzana, não quer mais que o seu filho namore a minha filha porque...

Não consegui completar a frase. Uma súbita e forte emoção não me permitiu.

A voz de Suzana, cortante como gelo, quebrou a atmosfera plácida:

– Por quê?! – desafiou-me ela.

Ela virou-se de chofre para os presentes e falou com todas as letras:

– Vejam só. Ela não consegue dizer o porquê de eu não aceitar que o meu filho, o meu filho amado, se envolva com a filha dela. Mas eu mesma posso dizer.

Novamente aquele silêncio. Eu, impaciente, a incitei a falar:

– Então diga, Suzana. Diga por mim.

– Digo, sim! – exaltou-se ela levando a voz às alturas. – Não aceito que o meu filho namore a sua filha, por você ser uma desqualificada. Uma imoral, indecente, uma vagabunda!

A palavra soou aos meus ouvidos como um tiro de revólver.

– Vagabunda, não! – falei em minha defesa, sentindo meu sangue ferver. – Nem vagabunda, nem imoral, nem indecente. O meu trabalho é como outro qualquer.

Suzana, rindo debochada, peitando-me com o olhar, arremessou mais uma pergunta que me feriu.

– E desde quando ser p... é trabalho?!
Essa eu não deixei barato.
– Quem é você para saber, Suzana? Uma mulher que nunca precisou trabalhar na vida para se sustentar. Uma dondoca. Que só sabe pôr a língua pra trabalhar para falar mal dos outros. Que se diz religiosa e vai à igreja só para reparar no vestido das mulheres que ali estão, no corte de seus cabelos e julgar seus comportamentos.
Quem é você para saber, Suzana? Uma mulher que assiste uma missa só de corpo presente, pois a mente vaga longe, bem longe dali...
Eu sou uma dançarina sim, de cabaré, para sustentar a mim, a minha filha e a minha família e o faço com muito orgulho e muita honra. E você o que faz? Nem a comida do almoço, nada senão almejar que o seu marido ganhe um melhor salário para poder pagar para você mais uma dúzia de vestidos novos, jóias caríssimas, viagens, estadas em hotéis luxuosos e etc, etc, etc...
Nesse momento, senti lágrimas quentes correrem pela minha face. Ainda que abalada emocionalmente, continuei soltando o verbo:
– Você pode ser uma imprestável e eu posso ser uma *stripper* uma *showgirl*. Qualquer um pode ser o que quiser nessa vida, mas ninguém tem o direito de interferir na vida de quem se ama.
Suzana, entre dentes, falou:
– Eu tenho. Sou mãe!
– Não, você não tem esse direito! Mesmo sendo mãe. Porque cada um é dono da sua própria vida. Um pai e uma mãe podem aconselhar. Mandar, jamais!
Suzana, rindo da minha cara, voltou-se para os presentes e falou com ironia:
– Eu sabia que havia alguma coisa errada em toda essa história. Era sorte demais. Conto de fadas demais. Uma pobretona vai para a Europa tentar a vida, arranja um marido rico que dá dinheiro até para ela sustentar sua família no Brasil. É óbvio que tudo isso era mentira, como pudemos ser tão estúpidos para acreditar numa fantasia dessas?

– Escuta bem, Suzana. Eu não vou permitir que você estrague o namoro do seu filho com a minha filha.

– Pode me ameaçar quanto quiser, não tenho medo de ameaças ainda mais vindas de uma mulher tão vulgar e desprezível como você. Agora, fora da minha casa, que minha casa é para gente direita e não de vida fácil como a sua. Fora! E se sua filha voltar a pôr os pés aqui será posta no olho da rua da mesma forma que a mãe. Porque todos sabem que filho de peixe, peixinho é!

– A vida dá voltas, Suzana. Muitas voltas.

– Dá sim, meu bem. E logo, muito logo, você vai estar na rua da amargura se vendendo bem mais barato do que se vende hoje, porque já tá velha demais para se prostituir.

Assim que tomei a rua, um homem por volta dos quarenta anos me chamou.

– Ei, Ana Paula?!

Aproximou-se de mim.

– Olá?! Falou comigo? – perguntei, olhando-o atentamente para ver se o reconhecia.

– Falei sim, meu bem – respondeu-me ele, jogando um olhar de tarado sobre mim. – Você é a tal que se mudou para a Europa, né?

Estufei o peito, ergui o queixo e assumi:

– Sou sim, por quê?

– Quanto *cê* cobra?

– Como?...

– É. Quanto sai para dar uma... *Cê* cobra por hora ou por dia? Como é?

Eu mal podia acreditar no que estava ouvindo. Pior foi o que ele me disse a seguir:

– Você fica mesmo pelada diante dos caras? Como é exatamente? *Cê* bem que podia fazer um showzinho para os seus

velhos amigos. O Juca, aquele que tem o bar mais lotado da cidade disse que, se você quiser, *cê* pode fazer uma apresentação lá e...
 Calei-o com um tapa no rosto.
 – Você é nojento – falei, com asco.
 – E você é uma delícia – respondeu-me ele, segurando-me à força e querendo me beijar.
 – Solta!
 – Não solto, não, belezoca. Não vai dizer que *ocê* só faz as *coisa* com os cara do estrangeiro. Ah, larga disso, Ana! Nós brasileiro também *somo fio* de Deus.
 Com toda força consegui me livrar dele e parti correndo pela rua.
 – Volta aqui, fofura! – berrou o desgraçado.
 Por onde eu passava todos voltavam a atenção para mim. Homens nas ruas me provocavam, mulheres me olhavam acusadoramente. Foi mais um momento horrível de minha vida, pelo qual eu jamais quis passar.

 Cheguei esbaforida em casa.
 – E então, Dona Ana Paula, como foi com a minha mãe? – quis saber Marco Aurélio de imediato.
 – Não foi nada fácil, Marco Aurélio – respondi ainda sem ar –, mas ela, com o tempo, há de consentir que vocês namorem.
 – A senhora acha mesmo?
 – Sou otimista.
 Nisso tocou o telefone, foi Patrícia quem o atendeu.
 – É para você, mamãe.
 – Ah, sim.
 Fui até lá tentando pôr meu cabelo em ordem. Havia desmoronado com a corrida.
 – Alô – disse eu, tirando o brinco do ouvido direito.
 A voz masculina do outro lado da linha perguntou:
 – Você tem algum horário para essa noite? Estou disposto a pagar o dobro se me arranjar um horário.

– O que disse? Desculpe, não entendi.
– Quero um horário para...

Nunca batera o telefone na cara de alguém, mas dessa vez não resisti. Como ouvira alguém dizer certa vez: precisamos refletir até que ponto vale a pena ser educado.

O telefone, desde então, não mais parou de tocar.

Depois foi a campainha.

– Ana Paula – chamou um homem.
– Pois não? – perguntei da porta da casa, sem chegar ao portão.
– Olá, Ana Paula. Boa tarde. Sou o Carlão Siqueira, moro na cidade, mas tenho uma boate chamada "Le Rose" que fica nos subúrbios do Rio de Janeiro.
– Sei e daí?
– E daí que queremos você lá, minha cara. Para uma *performance*.
– Estou de férias.
– Vai render um bom dinheiro, afinal, você será encarada como atração internacional.
– Deixe-me em paz, por favor.
– A *homarada* toda da cidade vai querer pagar para te ver tirar a roupa.
– Pois que a *homarada* se dane!
– Pensa bem, hein? Dinheiro é sempre bom.

Ao me falar quanto pretendia pagar por uma apresentação minha, respondi, rindo:

– Meu querido, além de eu ganhar em euro na Europa o que você pretende me pagar não é nem o décimo do que eu ganho numa noite como *stripper,* como uma *showgirl* por lá.
– Eu sei. A gente não tem o mesmo gabarito de uma boate do exterior, mas você pode tirar mais com o dinheiro que vão por no teu fio dental e depois com os programas que vai fazer. Lá frequenta até deputado e vereador famoso.

204

Já que havia batido o telefone na cara de um cafajeste, bati a porta na cara de outro.

Patrícia que ouvira tudo, veio até a mim e me consolou:

– Oh, mamãe, eu sinto muito.

– Eu aguentei tanta coisa pior, filha. Isso é fichinha perto do que passei.

Ela me beijou no rosto, eu retribui o beijo e me alegrei.

– Quer saber de uma coisa, minha querida? Foi bom, muito bom que a verdade tenha vindo à tona, assim posso ser eu mesma, sem disfarces... sem teatro. Simplesmente eu, de fato. Saber quem me ama pelo que sou e não pelo que inventei de mim mesma.

– É assim que se fala, Dona Ana Paula!

"Dona Ana Paula?!", gostei.

– Eu não me envergonho do que fiz para chegar onde estou, filha. Da mesma forma que nunca me envergonhei de ser brasileira e não desistir nunca. É isso mesmo! não há por que ter vergonha. Não há por que deixar de se orgulhar de si por ter-se virado do jeito que deu, honestamente, sem ludibriar ou roubar alguém.

Apertei minha filha num abraço caloroso e fomos para a cozinha tomar um guaraná.

Naquela noite, antes de dormir, repeti para mim mesma em silêncio:

– Foi bom, muito bom que a verdade tenha vindo à tona, assim eu posso ser eu mesma, sem disfarces... sem teatro. Simplesmente eu, de fato.

19

Suas verdades o tempo não apaga...

A próxima bomba a estourar na minha mão foi a publicação da minha foto na primeira página do segundo jornal da cidade. Saiu bem no domingo, seguida de uma matéria enorme a meu respeito e da opinião dos leitores sobre tudo.

Foi Décio quem chegou em casa comentando a respeito.

– Quer dizer, então, que seu amigo voltou atrás na sua decisão? – perguntei com certa fúria.

– Não, Ana Paula – explicou-me Décio. – Esse não é o jornal do Clemente. Esse é o jornal do seu concorrente.

Fiz ar de espanto.

– Só não entendo como ele conseguiu essa foto se a devolvi para você.

– Ele pode ter tirado uma fotocópia da foto antes de ter devolvido para você.

– Se a foto que ele usou para pôr no jornal fosse de fotocópia, a qualidade teria sido inferior a que vemos. Ele usou a própria foto.

– Mas daqui a foto não saiu – garanti.

– Tem certeza? Vá verificar.

De fato, a foto havia desaparecido do lugar onde guardei.

– Eu sabia! – exclamou Décio, inconformado. – Alguém se apoderou daquela foto depois de eu ter devolvido para você.

– Mas quem?

– Alguém que entrou aqui, em surdina e passou a mão nela.

– Mas ela estava tão bem escondida. Para isso a pessoa teria de gastar um bocado de tempo para encontrá-la. A não ser que a sorte o ajudou.

– Ou...

Décio deixou o "ou" no ar.

– O que você está pensando?

– Numa pessoa que teria tido tempo e oportunidade suficientes para usurpar a foto. Marcelo.

– Ele não faria isso.

– Faria.

– Não depois de tudo que fiz por ele.

Décio insistiu:

– Faria.

– Não...

– Quer apostar?

– Mas...

– Eu vou falar com ele. Cadê o vagabundo?

– Ainda está dormindo, suponho.

– Vou acordá-lo.

– Décio não vá criar confusão, já tivemos confusão por demais aqui essa semana.

Minutos depois, Décio voltava à sala acompanhado do Marcelo.

– Diz pra ela, vai – ordenou o Décio –, que foi você quem vendeu a foto para o jornal. Diz!

Marcelo me encarou, peitando-me com o olhar.

– Fui eu mesmo e daí? – respondeu ele com a maior naturalidade e frieza do mundo. – Me ofereceram uma quantia de dinheiro bastante significativa se eu lhes vendesse a foto, por isso...

– Aquela foto era minha – exaltei-me –, você não tinha o direito...

– Olha só quem fala – seu tom era de zombaria. – A puritaninha de Paris.

Décio pegou o nosso irmão pelo colarinho e gritou:
— Você não presta!
— Qual é, Décio?! Qual é?! — berrou Marcelo tentando se safar dele.
— Você só se formou porque a Ana Paula lhe pagou a faculdade senão...
— Me solta!
Décio, vermelho de raiva, atendeu ao seu pedido.
— O que está acontecendo aqui?! — perguntou mamãe que ao ouvir os gritos correra para a sala.
Ninguém lhe respondeu. Décio, apontando o dedo indicador da mão direita na cara do Marcelo, falou:
— Sabe por que você não se casa, Marcelo? Não é porque você está em dúvida se ama a garota ou não. É porque você não quer perder essa mordomia toda que a Ana Paula te propícia. Você sim é um vagabundo, ordinário.
Marcelo, mordendo os lábios, continuava de queixo erguido, olhar sisudo, peitando o irmão.
— Você sim, é um ingrato.
Marcelo finalmente se defendeu:
— Pois sou eu, meu querido irmão, quem durante todo esse tempo, esses longos anos em que a sua irmãzinha estava tirando a roupa na Europa, que fez o papel de pai para a filhinha dela.
— Se fez, não fez mais do que sua obrigação.
Marcelo continuou, afiado:
— Enquanto ela ficava lá na Europa no bem bom eu ficava aqui levando a menina pra escola, indo buscar, levando em festinhas... Tudo isso aqui que ela me propicia ainda é pouco.
Décio, atingindo o limite da paciência, foi para cima do Marcelo e lhe deu um soco. As mulheres gritaram. Logo os dois rolavam no chão cada qual esmurrando um ao outro.

Na cidade não se falava noutra coisa senão na minha foto de biquini sobre o palco da boate onde se viam braços masculinos erguidos na minha direção tentando pôr dólares no fio dental. Foi um escândalo. E o jornal nunca vendera tanto quanto daquela vez.

Mamãe não quis ver, mas Marcelo a forçou pondo a foto na sua mão como se fosse uma foto qualquer.

No dia seguinte, ao entardecer, eu e Patrícia saímos para visitar o topo do morro como fizemos das outras vezes.

Seguíamos pela rua, quando Dona Marcília, outra amiga de minha mãe do grupo de oração, uma mulher alta e excepcionalmente feia, saiu de sua casa e veio até nós.

Com um sorriso de ligeira superioridade em seus traços mal-arranjados disse num tom de voz que mais parecia um rosnado:

– Sua...

Cuspiu de lado e limpou a boca como se houvesse acabado de vomitar.

Tornou a falar rudemente, intensificando o golpe que seu gesto e suas palavras causaram em mim:

– Aposto dez por um que já era prostituta aqui no Brasil. Muito antes de se mudar para o exterior. Foi de uma noitada, não foi, que sua filha nasceu? Não é mesmo? Imoral, filha ingrata, ordinária.

Tornou a cuspir de lado num gesto bastante masculino.

– A senhora não vai dizer nada? – perguntou-me Patrícia entre dentes.

Ponderei se deveria ou não responder à altura, mas optei por não dizer nada, simplesmente ignorar a mulher e suas tão verrinosas palavras.

Pelo simples aperto que dei na mão de Patrícia entrelaçada a minha, ela compreendeu que era melhor seguirmos, ignorando a mulher.

– Vai deixar barato uma ofensa dessas? – tornou Patrícia, inflamada.

Afirmei que sim, com um leve balançar de cabeça.

Pra quê? A senhora, indignada por eu ter me mantido calada diante de suas ofensas e provocações veio atrás de nós, falando, cada vez mais alto, escandalosamente, os maiores impropérios.

Eu e Patrícia nos mantivemos firmes no propósito de ignorar a pobre coitada.

– O que ela quer é que eu revide para ter mais motivos para brigar – expliquei baixinho para a minha filha. – Para forçar-me a ficar mal, ainda mais, na frente dos outros.

Apertamos ainda mais os passos, infelizmente, a mulher apertou também o dela. Nunca vira tanta saúde para uma senhora daquela idade.

As pessoas saiam de suas casas ou abriam suas janelas para assistir ao escândalo e vibrar com ele. Vibrar negativamente, obviamente, contra nós.

Por trás daquela chuva de palavras detestáveis, ditas com o propósito de me ferir e me fazer sentir inferior a todos, e fazer de todos, superiores a mim, eu e minha filha seguimos por longos quarteirões.

Não muito adiante, uma outra mulher se juntou a Dona Marcília. Ela se dirigia, agora, a Patrícia:

– Não se deixe influenciar, menina! Sua mãe vai querer levá-la para o mau caminho, não vá! Pense na sua avó que a criou, que a ama tanto. Ela, sim, é sua verdadeira mãe. Uma mulher íntegra, decente e moral. Não a decepcione, ouviu? Ela não merece.

A última frase que ouvi das duas senhoras indesejáveis foi:

– Marcília, precisamos ir falar com a Rosa. Fazer-lhe um alerta para proteger a neta. Antes que essa depravada leve a filha para o mau caminho.

Assim que começamos a subir o morro, Patrícia me perguntou, intrigada:

– Eu não entendo a senhora. Aquelas mulheres falam as piores coisas para a senhora, no entanto, a senhora nada disse. Por quê?

– Porque o que elas querem é briga. Incitar-me a brigar, a perder o equilíbrio e a paz. Sou superior a elas, ficando quieta. Além

210

do mais o que falam de mim não procede. Sou apenas uma dançarina, vivo na verdade da arte de dançar, porque dançar é uma espécie de arte.

– Eu ainda acho que a senhora deveria ter-lhes dado uma resposta daquelas.

– De nada adiantaria. Elas não vão se calar por causa disso. Pessoas de mente pequena, de baixa evolução sempre acham que estão certas quando não estão. Como disse, sou superior, deixando de me envolver com suas baixezas.

Os ataques contra mim por parte da população conservadora da pequena cidade onde morávamos, e que eram maioria, não terminaram tão cedo.

Ao crepúsculo, saí pra ir buscar o pão para o lanche da tarde, quando fui abordada novamente por moradoras da cidade, amigas de minha mãe, que defendiam a moral e os bons costumes do planeta.

Logicamente que enquanto defendiam, seus maridos aprontavam das suas, né?

Com a cabeça pesada de ouvir tantos impropérios, dirigi-me a uma igreja onde quis me abrigar daquilo, mas o pastor me proibiu de entrar, por preconceito.

Resolvi, então, me recolher na igreja matriz, mas o padre, em meio a beatas, me pôs para fora sob uma chuva de palavras que não se deve jamais dizer dentro de uma igreja, ao menos aprendi assim e não merecem ser repetidas aqui.

Ao me ver sendo expulsa da igreja matriz, o pastor que há pouco me expulsara da sede de sua igreja veio até a mim e me convidou a voltar para lá.

Uma luz, então, iluminou meus pensamentos. Mirei os olhos dele e falei:

– O senhor voltou atrás, digo, decidiu me receber, só para provocar a outra igreja, não é mesmo? Não está preocupado com os meus sentimentos da mesma forma que a outra igreja não estava.

O homem começou a discursar em tom demagogo. A minha vontade foi de cortar o seu discurso ao meio. Dizer-lhe: "Chega de tanta bobajada. Quão hipócrita é você!"

Mas eu preferi o silêncio novamente e segui em frente.

– Você vai se arrepender, pecadora! – amaldiçoou-me o pastor, impostando a voz. – No dia do juízo, vai se lembrar de mim.

Não lhe dei ouvidos, continuei firme nos meus passos. Foi então que passei em frente a uma casa modesta onde em cima da porta lia-se: "Centro Espírita Nosso Lar". Suspirei, aliviada. Ali talvez eu pudesse me abrigar das afrontas que me perseguiam.

Bati à porta, mas ninguém abriu. Deveria estar fechado àquela hora. Eu já estava de saída quando ouvi a chave, girando na fechadura.

– Pois não? – perguntou-me um homem olhando-me de viés.

– Eu estava passando e quis entrar para...

– Para? – cortou-me ele olhando-me de cima a baixo.

Nisso surgiu uma mulher à porta e ao me ver, deu-lhe um cutucão.

– É ela, homem. Aquela que é prostituta em Paris.

Os olhos do homem arregalam-se. Diante do seu silêncio, quis logo saber:

– Não é aqui que dão passes? O senhor pode me dar um?

O homem fechou o cenho e respondeu, secamente:

– Agora não é hora.

Apontando para uma plaquinha argumentou:

– Os horários de passe são estes. Volte num desses horários.

Sem mais, fechou a porta na minha cara.

Voltou-me então à lembrança o que ouvira certa vez:

"Não é porque as pessoas frequentam uma igreja, têm uma religião, que elas são de fato espirituais, caminham de mãos dadas com Deus. Muitas, senão a maioria, só frequentam por condicionamento, para ficar bem na sociedade por frequentar uma, para parecer que são pessoas dignas e respeitadas. Mas na verdade, a maioria dos que a frequentam, dentro dos cultos são uma, fora são outra pessoa. E o que conta mesmo para Deus é o que você é de fato dentro e fora da igreja, pois Deus está em todo lugar.

Quanto ao Centro, uma vez *seu* Antenor havia me explicado que alguns fundadores e administradores de Centros Espíritas eram tal e qual um general de exército, julgavam-se donos da verdade e não aceitavam nada que fugisse àquilo que eles acreditavam ser espiritual, mesmo não o sendo.

Daí o porquê de eu ter sido recebida daquela forma naquele Centro Espírita. Como lembrou *seu* Antenor: há Centros e Centros, assim como há médicos e médicos, terapeutas e terapeutas...

É verdade.

Quando parei em frente a outro Centro que havia ali pertinho de casa, tudo transcorreu muito diferente com relação ao anterior. Nessa fui bem recebida e senti de imediato que até a energia do lugar era outra. Enquanto aguardava por um passe, li frases do Chico Xavier num mural, frases que entraram em mim e me transformaram, como se ele próprio tivesse me aplicado um passe ali, estando invisível.

"Você nem sempre terá o que deseja, mas enquanto estiver ajudando os outros, encontrará os recursos de que precisa".

"Agradeço todas as dificuldades que enfrentei; não fosse por elas, eu não teria saído do lugar. As facilidades nos impedem de caminhar. Mesmo as críticas nos auxiliam muito..."

"Cada dia que amanhece assemelha-se a uma página em branco, na qual gravamos os nossos pensamentos, ações e atitudes. Na essência, cada dia é a preparação de nosso próprio amanhã."*

"Tudo que criamos para nós, de que não temos necessidade, se transforma em angústia, em depressão..."

"Nem Jesus Cristo, quando veio à Terra, se propôs resolver o problema particular de alguém. Ele se limitou a nos ensinar o caminho, que necessitamos palmilhar por nós mesmos"

---

*Psicografia de Francisco C. Xavier. Livro: Indicações Do Caminho.

Deixei o local revigorada, pronta para outra, agradecendo intimamente todas as dificuldades que enfrentei; não fosse por elas, como disse o Chico, eu não teria saído do lugar.

Outro surpreendente acontecimento de minha vida foi no dia em que reencontrei o *seu* Antenor. Lembram-se dele, não? Aquele que foi meu primeiro patrão.

Nosso reencontro foi bastante inusitado. Eu havia ido à farmácia comprar xampu, quando uma mulher por volta dos cinquenta, com pelo menos duas plásticas na face, me abordou e começou a falar as piores coisas para mim.

– Além de injusta você é também uma vagabunda. Bem feito! Muito bem feito por ser o que é!

– Quem é você para vir até a mim e me dizer essas barbaridades? – indaguei em minha defesa.

– Você não se lembra, mas já nos vimos antes. Na época em que você trabalhava para Antenor Medeiros.

– Seu Antenor... – murmurei.

A mulher continuou me agredindo com palavras:

– Você teve o que mereceu, sua desqualificada. Aqui se faz aqui se paga!

Nisso, para a minha surpresa, *seu* Antenor entrou na farmácia.

– Cecília! – chamou ele, austero.

Ela se dirigiu a ele e o repreendeu:

– Já falei para não me chamar atenção na frente das pessoas, Antenor. Tá com Mal de Alzheimer, por acaso?

Só sei que a mulher saiu do estabelecimento pisando duro, bufando de ódio. Quando dei por mim, *seu* Antenor estava parado, me olhando.

Ele havia mudado muito pouco naqueles últimos doze anos, continuava robusto, surpreendentemente robusto para a idade que tinha. Ele veio até a mim, cumprimentou-me e disse:

– Vim pedir desculpas pelo modo com que minha esposa a tratou.

— Desculpas aceitas — respondi, de certa forma, feliz por revê-lo e por ele ter vindo falar comigo. — Como vai o senhor?

Ele não me respondeu, disse apenas:

— Cecília, minha esposa, sempre foi dondoca, nunca soube da necessidade de ganhar a vida, do desespero, que você e outras tantas mulheres passaram. Sou eu quem mantenho tudo, dou tudo de mão beijada a ela, o mimo...

Fiz sinal de compreensão.

— Admiro você, Ana Paula — acrescentou ele me parecendo muito sincero. — Optou por uma vida justa ao invés de uma injusta.

Sorri para mostrar-lhe que havia apreciado muito suas palavras.

— Fui imaturo naquela época — continuou ele.

— Eu também — desculpei-me. — Muito imatura.

Ele mordeu os lábios.

Eu também. Logo, disse:

— Não sabe o quanto significa para mim esse momento, seu Antenor. Ouvir essas palavras de compreensão da sua parte. Poxa, o senhor é realmente um homem muito bacana!

— Você é uma mulher e tanto, Ana Paula.

— Façamos as pazes.

Ele concordou com um sorriso.

Enquanto trocávamos um aperto de mão, lembrei do que havia lido no Centro, escrito pelo Chico Xavier "A melhor maneira de aprender a desculpar os erros alheios é reconhecer que também somos humanos, capazes de errar, talvez ainda mais desastradamente que os outros."

Nisso a esposa reapareceu na porta da farmácia e fez um escarcéu ao ver o marido junto a mim.

— Antenor! — berrou, seguido de outras palavras nada sutis.

Foi então que descobri outro importante detalhe sobre a vida. As pessoas podem até ter dinheiro; educação, entretanto, é algo bem mais difícil de se conseguir, é algo valioso que precisa ser lapidado dentro de nós.

A gente tem a falsa ilusão de que só porque uma pessoa tem dinheiro, sobrenome de granfino, frequenta as altas rodas, é influente na cidade, ela tem educação. Não tem, não! Mesmo!

Ser fino e elegante, educado e de bom senso, de caráter e íntegro é algo que brota na alma, não se compra com status e contas recheadas de *dim-dim*.

Você pode ocupar altos cargos, ser vereador, prefeito, deputado, governador, presidente, fazendeiro, empresário, ser uma celebridade, dono de igreja, pastor, não importa, nada disso lhe dará educação e elegância. Só se adquirem essas dádivas da vida por meio de exercícios diários, verdadeiramente espirituais, que, quando praticados, lapidam a nossa alma, como o tempo lapida um diamante bruto.

Durante o jantar daquela noite, elevei o olhar até a minha mãe, do outro lado da mesa, depois até o frango assado. Pensei: "Nada mais aqui será como antes. Ela nunca mais voltará a ser a mesma Dona Rosa de antes, pelo menos para comigo. Que pena... Que pena que para ela importa tanto o que os outros vão pensar dela, de mim, de nós. O que representamos na sociedade."

Eu não sabia, tampouco minha mãe, nessa época, que o que importa mesmo não é o que os outros possam vir a pensar de você e sim o que eles pensam de si próprios.

Ao sair para tomar um pouco de ar, ouvi alguém me chamando, baixinho. Olhei rapidamente para trás. Ao avistar Dona Benta, surpreendi-me.

– Dona Benta?!

Os ombros da mulher estavam um pouco caídos e ela parecia, de repente, uma mulher mais velha e mais cansada.

– Menina – disse a mulher.

A voz aparentava calma, mas havia uma ligeira agitação por trás.

– Aconteceu alguma coisa? A senhora está bem? Posso ajudar em alguma coisa?

– Não estou bem não, Ana Paula.
– Não?! O que houve? O que se passa?
– Sinto-me mal pelo modo com que todos vêm tratando você.

Fiz ar de espanto. Ela continuou:

– Tenho tratado você de forma distante para não ser recriminada pelos outros. Mas eu, sinceramente, não queria que fosse assim. Queria ser forte o suficiente para dizer umas poucas e boas para essa gente. Fazê-las compreender que estão erradas no modo de agir. Mas sou uma mulher só, se perder as amizades que tenho, que conquistei ao longo desses anos, é capaz de eu não ter ninguém no dia do meu enterro para carregar o meu caixão.

O semblante da mulher mudou, pareceu mais aliviado.

– Ah, é tão bom dizer isso para você, Ana Paula. Para que saiba que não me importo, nunca me importei com o tipo de trabalho que você escolheu fazer para se sustentar. Que você foi maravilhosa e corajosa em mudar de país para tentar dar uma vida mais digna para sua filha e sua família. Sem você eles não teriam tido tudo isso. Eles devem muito a você. E mais, acredito em você quando diz que não é uma prostituta. Mas mesmo que fosse eu não a condenaria, não condeno nenhuma, e sabe por quê? Porque na hora do desespero, na hora que a vida nos pede para nos sustentar, qualquer coisa é melhor do que roubar e correr o risco de ser morto ou condenado a uma prisão. Você é grandiosa, quem fala mal de você é porque teve condições diferentes de se sustentar, mas se não as tivesse, compreenderia melhor o que a levou a ser o que é.

Além do mais, dança é dança, algo que sempre apreciei.

Sorri, feliz e disse:

– É mesmo?

– É, sim. Quando visito minha prima no Rio de Janeiro, vamos ao Clube da Terceira Idade, um lugar formidável onde dançamos até altas horas. Para as pessoas daqui desta cidade, até mesmo o baile da Terceira Idade é malvisto. As mulheres que o frequentam são tidas como levianas, para não dizer, prostitutas.

O pessoal gosta de falar dos outros sem nunca olhar para o próprio *rabo*. Na igreja uma mulher desquitada não pode levar a oferenda, tampouco tomar hóstia. Agora aqueles que mantêm um casamento de fachada, o marido ou a esposa tem amante, esses podem, numa boa. É muita hipocrisia.

Eu, ri e confessei:

– Jamais pensei que a senhora tivesse uma mente tão aberta, Dona Roseli.

– As pessoas não são o que parecem ser, minha cara, além das aparências há muita podridão...

A senhorita conhece aquele belo poema: "As aparências enganam aos que odeiam e aos que amam... Porque o amor e ódio se irmanam na fogueira das paixões"*

Sorri novamente, um sorriso brilhante e frágil ao mesmo tempo.

---

*As Aparências Enganam, composição de Tunai e Sérgio Natureza.

20
Sem amor, eu nada seria...

    Naquela noite uma forte chuva caiu sobre a região e não mais parou. Dava uma trégua por uma hora ou duas e voltava a cair pesada, como se fosse uma catarata sem fim. Partes da cidade começaram a inundar, começando pela periferia como sempre, com isso pessoas e mais pessoas perderam tudo o que tinham, o que compraram com tanto suor e foram obrigados a se abrigarem na quadra de um colégio nas proximidades.
    – Parece um dilúvio – comentou mamãe com Patrícia.
    De fato, nunca vira chover tanto nos verões passados, estação em que geralmente, caem as chuvas mais fortes.
    Não demorou muito para que as casas construídas aos pés dos morros desabassem, provocando mortes, arrasando famílias e mais famílias.
    Sete dias depois de chuva torrencial, por volta do meio-dia...
    Eu havia acabado de chegar à sacada coberta de nossa casa quando avistei o morro mais alto, próximo da cidade, vindo abaixo. Era como se fosse uma correnteza de lama.
    – Céus! – pensei na velocidade da luz –, a cidade vai ser inundada e soterrada!
    Foi bem mais que uma inundação, casas foram sendo destroçadas pelo impacto da água e dos galhos que vieram com a enxurrada. Gritos histéricos começaram a ecoar por todos os cantos, pessoas correndo pelas ruas na direção oposta a dos morros, na

esperança de se salvarem, mas a enxurrada foi mais rápida engolia-as rapidamente, não importando cor, raça e religião. Muito menos status social. Em questão de segundos, o lamaçal cobria tudo e arrebentava casas e mais casas, principalmente, as mais antigas.

Corri de volta para o interior da casa, irrompi na sala, agarrei minha mãe e falei, agitada:

– Venham rápido!

Mas mamãe enrijeceu o corpo. Apertei-lhe o braço e ordenei:

– A enxurrada, mamãe, rápido!

Mamãe interrompeu-me com impaciência:

– Larga do meu braço!

Fui firme mais uma vez:

– A enxurrada, mamãe, vai inundar...

Não tive tempo de terminar a frase, a água atravessou as janelas quebrando com sua pressão os vidros e foi enchendo tudo.

Mamãe olhava agora horrorizada para o cenário apavorante.

– Mãe, por favor – insisti, empurrando– a para o andar superior da casa antes que ficássemos submersos.

Mamãe foi praticamente arrastada escada acima.

Ao chegarmos na sacada, outro choque. Viam-se pessoas e pessoas encolhidas nos telhados das casas submersas, até mesmo a igreja já estava com, pelo menos, três metros de altura submersa na água.

Dona Rosa começou a gritar, histérica.

Vimos então animais boiando na água, corpos de afogados. Era uma cena apavorante.

Mamãe caiu de joelhos ao perceber que estávamos ilhadas.

– Deus! – gritou. – O que é isso, meu Deus?!

Em voz alta, profetizei:

– Nós vamos sair daqui, mamãe. Não se preocupe.

Dona Rosa prosseguiu de modo um tanto incoerente:

– Isso só pode ser o fim do mundo... Pior do que isso, é o próprio inferno.

Os gritos dos vizinhos começaram a se propagar em intervalos cada vez mais curtos. Eram gritos de horror, de pânico, de tudo junto.

De repente, vi sendo arrastada pela água lamacenta Dona Marcília. A mulher se debatia na água para não se afogar. Mas, frágil fisicamente, como era, por causa da idade, não tardaria a morrer afogada.

Percebi que só havia uma coisa a ser feita e fiz. Joguei-me na enchente.

– Mamãe, não! – gritou Patrícia, horrorizada.

Era muito tarde para voltar atrás. Assim que atingi a água, agarrei-me a um tronco que passava boiando e o direcionei para o local onde Dona Marcília havia enroscado.

– Dona Marcília me dê a mão, por favor – pedi.

Ao ver que era eu, ela hesitou.

– Vamos, Dona Marcília, por favor – insisti tendo o cuidado para não engolir aquela água enlameada.

Com muito custo a levei para a minha casa que, por sorte, ainda não estava totalmente submersa. Com a ajuda de mamãe e de Patrícia, a mulher chegou à sacada.

Ouvi, então, outro grito. Agarrada ao que me pareceu ser o poste rente a sua casa estava outra senhora, uma das que também haviam falado muito mal de mim. A água já estava pelo seu pescoço. Logo a cobriria. Nadei até lá e com a ajuda do mesmo galho repeti o salvamento feito há pouco.

Marcelo, que a essa hora já havia conseguido chegar à sacada, olhava chocado para o desastre.

Voltando-se para ele, Patrícia pediu:

– Vá ajudar a mamãe, titio. Ela precisa da sua ajuda.

– Eu?! – indignou-se ele. – Pular nessa água lamacenta, imunda? Nunquinha, minha sobrinha.

– Mas a mamãe precisa...

– Ela entrou nisso sozinha, ela que saia sozinha.

O governo do Estado do Rio de Janeiro decretou estado de emergência. Bombeiros para lá foram enviados pela prefeitura da cidade do Rio de Janeiro, na esperança de salvar as pessoas arrastadas e isoladas pela correnteza. Helicópteros sobrevoavam o local na tentativa de localizar vítimas e direcionar o grupo de salvamento.

Repórteres de televisão, rádio e jornal ocupavam os lugares menos perigosos para poderem transmitir e relatar o horror que estávamos vivendo. A tragédia chocou o país e fez com que muitos começassem a doar alimentos e roupas para a população.

Quando conseguimos ser salvos de onde nos encontrávamos, por meio de um barquinho dirigido por uma equipe de bombeiros, já estávamos com a água da enchente na altura do pescoço. Estávamos famintos e com frio. O desespero nos deixava com frio.

Após o salvamento, fomos levados para um hospital no Rio, um dos que estavam recebendo as vítimas da tragédia. Eu ainda estava lambuzada de lama respirava fundo, sentindo uma angústia física e mental imensurável.

Dessa vez, o acontecimento não só arranhara a superfície da minha mente, como também a do meu coração.

Havia pessoas e mais pessoas espalhadas por todos os cantos do hospital. Nas salas de espera e corredores, em macas... Muitas, deitadas no chão em simples colchonetes... Logicamente que o local não tinha estrutura para acolher toda aquela gente.

Voltando-me para minha mãe, perguntei, carinhosamente:

– Como a senhora está, mamãe?

Ela fez ar de desconsolo, não conseguiu me responder.

– E a senhora? – perguntou-me, Patrícia.

– A vida sempre me surpreende com reviravoltas e surpresas, Patrícia, mas desta vez ela pegou pesado.

– Mas a gente se recupera, mamãe.

– Disso tenho a certeza.

Saí para dar uma volta pelo hospital para ver se eu podia ser útil a alguém. Avistei então uma velhinha deitada, azul, procurando respirar...

O médico aproximou-se dela e pôs a mão no seu pulso. Perscrutando-o com os olhos maliciosos, indomáveis, ela perguntou:

– Como estou, hein, doutor? Ainda tenho chances de sobreviver? Depois disso tudo?

Ele abriu um largo sorriso para confortá-la. Ela retribuiu.

– A senhora está se recuperando maravilhosamente – disse ele, satisfeito.

Assim que se foi, aproximei-me dela, procurando sorrir. Ela, adotando um tom confidencial, me disse:

– Alguns médicos parecem constantemente de mal com a vida, outros, tal como esse que me atendeu há pouco, são raros de se encontrar.

Sorri e retomei minha via sacra. O mesmo médico, então, veio até a mim e perguntou:

– E você, como está passando?

– Bem. Graças a Deus, doutor.

– Que bom!

Minutos depois, Marcelo veio até a mim e perguntou com seu tom afiado de sempre:

– Você esperava que as pessoas dessa cidade a aplaudissem por tê-las salvo, Ana Paula? Que a vissem com outros olhos, esquecessem quem você é, no fundo?

– E o que sou, Marcelo?

– Você sabe muito bem o que é. Quer mesmo que eu repita?

– Eu não sou uma prostituta. Quantas vezes vou ter de repetir isso?

– Dançarina, *stripper, showgirl, go-go-girl...* seja lá como se chama o que faz, é o mesmo que ser prostituta.

E fora, então, nos degraus em frente ao hospital, que um esgotamento súbito e desesperado se apoderou de mim. As palavras de Marcelo se repetiam em meus ouvidos e de forma devastadora como da primeira vez em que as ouvi. No fundo ele estava certo, era isso mesmo que eu queria ter das pessoas daquela cidade, agradecimento e reconhecimento. Que me vissem com novos olhos e que me aplaudissem. Mas como o Marcelo me alertou, elas não fariam aquilo mesmo depois de tudo o que fiz por todos. Eram orgulhosos demais para reconhecer um erro. Para assumir que erraram em seu julgamento. Que foram cruéis para com o próximo em nome do moral e dos bons costumes.

Por Deus, eu não me deixaria ser derrotada. Não seria justo para comigo mesma. Eu tinha de continuar, firme e forte. Porque a VIDA me pedia isso. Viver é para os fortes!

Uma mulher da minha idade se aproximou de mim e perguntou:

– Ana Paula?

– Sim?

Nos olhos dela, surgia uma admiração repentina.

– Sou uma das filhas de Dona Marcília, a senhora que você salvou a vida.

– Como vai?

– Posso lhe dar um abraço?

Não deu tempo de eu responder, ela simplesmente me abraçou e com ímpeto. Depois com olhos lacrimejantes e voz embargada me agradeceu pelo meu feito:

– Eu precisava agradecer-lhe pelo que fez por minha mãe.

– Não precisa...

– É preciso, sim, você foi uma heroína em ter se arriscado daquela forma para salvar a mamãe. Você mostrou bem mais que coragem, mostrou um coração benevolente, poucos perdoariam o modo como ela a tratou, a cidade toda a tratou depois que... bem, você sabe.

– Eu não tenho vergonha do que faço, se tive um dia, hoje não mais. Ser uma showgirl não tem nada demais.

A mulher aquiesceu, me desejou boa sorte e voltou para junto da mãe na enfermaria.

Quando a chuva parou e a enchente secou, restou apenas um lamaçal sobre aquela que fora a nossa cidade. Algumas casas, as mais novas, permaneceram em pé, das mais velhas não ficou tijolo sobre tijolo.
Era triste demais ver o lugar onde eu nascera e crescera naquelas condições deploráveis. Senti uma pontada de saudade no coração daqueles dias maravilhosos que vivi ali, até mesmo dos momentos maus pelos quais passei.
Quando o carro dirigido por Décio, levando, mamãe, Patrícia, Marcelo e eu parou em frente a casa que, com muito custo, comprei para minha família morar, tivemos de ser fortes para encará-la coberta de lama e destelhada.
Quando adentramos, nossos olhos infelizes vagaram pelo que fora nossa sala e copa. Mamãe, deu uma olhada rápida e alarmada para mim e disse:
– Acabou. Não restou nada que possamos aproveitar.
De fato, tudo ali havia se estragado, mas eu não me deixei esmorecer, respondi impondo segurança na voz:
– Não mamãe, nada acabou. O importante é que estamos vivos.
Quando ela voltou a falar, sua voz tinha uma nota estranha:
– Estou velha demais para recomeçar do zero.
– A senhora não precisa...
Ela me interrompeu no mesmo instante:
– Se pretende usar o seu dinheiro "imundo" para comprar outra casa, ou arrumar esta, esqueça. Prefiro morar embaixo da ponte a isso. Foi o seu dinheiro pecaminoso que trouxe essa desgraça para este lugar.
Dei uma olhada rápida para o rosto ansioso e infeliz de minha mãe e retruquei:

– Não, mamãe, não foi não! Foi apenas a chuva, o temporal. A má estrutura da cidade construída aos pés de um morro que com a forte chuva veio abaixo. Foi só isso. Não se deixe levar pelas opiniões maldosas de pessoas que se julgam donas do moral e dos bons costumes. As aparências enganam, minha mãe.

Meio minuto depois, Décio me perguntou:
– O que pretende fazer, mana?
– Recomeçar. Sou brasileira, não desisto nunca.
– É assim que se fala, mamãe! – encorajou-me Patrícia me abraçando.

Marcelo, então, deu o ar inoportuno da sua graça.
– Recomeçar? – falou com desdém. – Com trinta anos nas costas? Só se for para vender sanduíche na praia, *né?* Porque para fazer strip-tease, maninha, *cê* já tá velha demais pra isso.

Eu e o Décio nos entreolhamos. Voltei-me para o Marcelo e respondi com bom humor:
– Obrigado por ter me lembrado, querido irmão.
– Quem avisa amigo é, Ana Paula.

Contei até dez mais uma vez para não dizer poucas e boas para o Marcelo e depois, num tom animado falei:
– Vamos arregaçar as mangas e começar a fazer uma faxina por aqui.

E foi o que fizemos. Enquanto os funcionários enviados gentilmente pela prefeitura do Rio e pelo governo do Estado tentavam pôr as ruas e calçadas da cidade em ordem, nós limpávamos nossa casa. Jogamos tudo, literalmente, no lixo, numa caçamba, propriamente dita, e comprei tudo novo em suaves prestações.

O Marcelo pelo menos se prontificou a pintar a casa, menos mal, pois isso me fez economizar um bocado.

Não estava podendo gastar além do necessário, eu havia ido para lá para passar apenas um mês e acabei ficando quase três e como eu só ganhava enquanto trabalhava, minhas economias acabaram.

Depois de a casa estar praticamente novinha em folha, anunciei minha volta para a Europa.

– A senhora precisa mesmo ir, mãe? – perguntou Patrícia me abraçando fortemente.

– Sim, filha. Preciso trabalhar urgentemente. Preciso de dinheiro, estou a zero.

– Se não há outro jeito...

– Você, daqui a pouco, vai estar entrando na faculdade... Vai precisar de dinheiro para pagá-la e só eu posso te ajudar, filha... Além do mais, o Marcelo está certo. Daqui a pouco serei demitida da boate.

– Por quê?

– Por causa da idade, filha. É assim com todas, depois dos trinta. Só ficam mesmo as queridinhas do dono da boate, capazes de fazer programa com ele de graça para permanecer ali. Eu não sou dessas.

Quando fui me despedir de minha mãe, disse:

– Confio na senhora, mamãe, para continuar cuidando da Patrícia.

Aproximei-me dela para me despedir, mas ela baixou a cabeça para evitar me encarar. Passei delicadamente a mão por sua cabeça, como faz uma mãe para acariciar um filho e disse:

– Até logo.

Ela se manteve muda.

– E não se preocupe, mamãe. Continuarei mandando o dinheiro para a senhora...

Só então ela falou:

– Eu queria tanto dizer que não preciso do seu dinheiro imundo, mas...

– Eu vou mudar de vida um dia, mamãe. A senhora vai ver, eu prometo.

– De você, Ana Paula, eu não espero mais nada que não seja decepção.

Achei melhor não argumentar. Simplesmente parti.

21
A lágrima não é só de quem chora...

No meu regresso a Paris, encontrei Martina de penhoar, descabelada e rosto lavado, largada no sofá do apartamento que dividíamos, olhando para o nada.
– O que houve?
Ela, olhos entristecidos, olhou para mim e respondeu:
– Fui demitida da boate. O filho da mãe do dono me trocou por duas de dezoito. Eu já esperava por isso, mas a gente sempre pensa que com a gente vai ser diferente.
– Eu sinto muito.
– E, agora, Ana Paula? O que será de mim?
– Eu também passei uns maus pedaços no Brasil.
– Eu vi pela TV. Que horror, hein?
– Nem fale, só sei que preciso trabalhar urgentemente. *Tô* a zero de dinheiro!
– Não quero te assustar, não, mas, o patrão tá demitindo todo mundo acima dos trinta. É interessante para ele porque as mais novas atraem mais fregueses e ele pode pagar para elas a metade do que paga para nós. Muitas das nossas colegas se mandaram para Amsterdam.
– Nossa, eu não posso ser demitida agora. Justo agora!
– É, *chérie,* a vida não é fácil...

...

Ao chegar à boate, o dono me tratou pior do que a um cachorro.

– Eu te dou um mês de férias e você volta dois meses depois, Ana Paula? O que pensa que eu sou? Tá escrito otário aqui na minha testa, por acaso? Você tá demitida!

– Eu preciso desse emprego, agora mais do que nunca, meu senhor.

O homem me deixou às moscas. Tentei pedir ao meu pai que falasse com ele, imediatamente, mas ele tirou o corpo fora.

– Não falo, não! – respondeu-me, ácido. – Depois ele se zanga comigo, me demite e aí? Como fico eu?!

Voltei para casa arrasada. Minha vida havia se desmoronado outra vez e eu, sinceramente, não esperava por isso. Não sabia sequer se teria forças para superar os reveses dessa vez.

– O que você vai fazer? – perguntou-me Martina assim que soube que eu estava na mesma situação que a dela.

– Sou brasileira, não desisto nunca! – respondi e me silenciei.

Ficamos por quase uma hora em silêncio, até que eu ressurgisse com uma ideia que me resgatou do fundo do poço.

– Já sei! – exclamei.

– O quê?! – espantou-se Martina com a minha súbita injeção de ânimo.

– Já sei como sair dessa m...

– O que vai fazer?

– Aquilo que muita mulher faz para garantir seu sustento, minha cara. Casar com um ricaço para garantir o meu sustento.

Martina, estupefata, me perguntou:

– Você seria capaz, digo... suportaria viver ao lado de um homem que não ama só para...

– Garantir meu futuro e o da minha filha? Seria, tanta mulher consegue, por que comigo haveria de ser diferente?

– Nossa, admiro você, Ana Paula. Acho que eu jamais conseguiria.

– Você fala isso agora porque está deprimida, Martina. Quando melhorar, verá que é bem capaz de fazer o mesmo.
– Não sei, não. Cada um é um, não é o que dizem?
– É, mas sabe-se lá se isso é verdade. Só sei que se eu quero conquistar um ricaço, tem de ser rápido, enquanto ainda tenho esse corpinho de adolescente.
– Eu, nem mais isso tenho. Já estou gorda...
– Gorda, não! Fofinha. E não há dieta e aulas de aeróbica que não resolvam esse problema.
– Há um problema bem pior do que esse, *chérie*. Onde vamos encontrar um marido rico?

Rindo, respondi:
– Você, eu não sei. Mas eu já tenho um...
Os olhos de Martina se arregalaram.
– Mesmo?! E quem é, posso saber?
Aquiesci.
– Giulio Abeillard...
Os olhos de Martina novamente se arregalaram.
– Você não faria isso, digo, casar com ele só para...
– Ele gosta de mim.
– E você, segundo me lembro, gostava dele. Só que...
– Sim, eu sei... O problema da perna... Mas estou disposta a superar esse pequeno detalhe.
– Mesmo?
– Sim. Tanta gente consegue por que eu não haveria de conseguir?
– É verdade.
– Pois bem...

Fui até o console, passei a mão no telefone e liguei para o Giulio para combinarmos um encontro.

Procurei sorrir enquanto um lado meu procurava esquecer que aquele lindo francês por quem eu me apaixonara um dia, tinha uma perna mecânica.

230

...

Nos encontramos no topo da Torre Eiffel.

– Queria ter uma linda vista como essa de pano de fundo quando esse nosso encontro acontecesse – disse eu para o Giulio enquanto olhava para o céu com admiração.

Ele arqueou as sobrancelhas e perguntou:

– Posso saber por quê?

Com entusiasmo, respondi:

– Porque esse encontro é muito importante, Giulio. Vai determinar definitivamente nossas vidas. Quero me casar com você. Sei que demorei muito para me decidir, espero que me perdoe por esse deslize... por essa frescura.

Um sorriso surgiu nos lábios lindos de Giulio. Eu ainda falava, quando ele me beijou, recolhendo minhas explicações ao nada.

– Não fale mais nada, Ana Paula – murmurou ele, me olhando apaixonadamente. - Você sabe que eu sonho com isso há muito tempo. Você judiou de mim, me fez de gato e sapato durante todos esses anos, mas eu venci. Isso é o que importa. Quando casamos? Você decide. Importa se a gente depois de casados morar no apê em que eu moro hoje?

– Não, é lógico que não...

– Você pode redecorá-lo do jeito que quiser.

– Não se preocupe com isso...

Ele soltou um suspiro de alivio.

– Ah, Ana Paula, como eu sonhei com esse dia.

Liguei para o Brasil e contei a grande novidade. Patrícia ficou radiante. Com minha mãe ao telefone, falei:

– Abandonei a boate, mãe. Nunca mais strip-tease, nunca mais *showgirl*... Agora serei uma mulher casada, voltada completamente para o lar e para o meu marido. Para uma vida completamente diferente da que vivi até então.

Ouvi mamãe suspirar de alívio do outro lado da linha.

O casamento, por sugestão do Giulio, foi marcado para ser realizado numa linda capela.

No dia em questão, estavam presentes somente os amigos que fiz durante aqueles anos em Paris. Meus familiares não vieram do Brasil, pois não eu tinha condições financeiras, no momento, para pagar a passagem para todos, sequer para a Patrícia. Eu realmente havia ficado a zero em termos de dinheiro.

Convidei papai, mas ele não quis ir. Nem mesmo depois de convidá-lo para me levar ao altar. Não me espantei, a essas alturas já havia me acostumado com seu modo insensível de ser.

Os amigos de Giulio também estavam presentes, juntamente com seus familiares.

– Ai, amiga, estou tão feliz por você! – exclamou Martina ao me ver posicionando para entrar na capela.

– Obrigada – agradeci, sentindo uma certa tremedeira.

– Você está nervosa – comentou ela diante do meu estado. – Relaxe. Seja forte.

Respirei fundo, procurei sorrir e afirmar:

– Serei.

Eu estava linda de noiva. Um vestido impecável, um buquê perfumado, somente de flores brancas. Um véu longo como eu sempre sonhei. Quando a marcha nupcial começou a tocar, respirei fundo e entrei, sozinha como achei que seria melhor. Avistei Giulio no altar, aguardando por mim com um sorriso lindo na face e os olhos mareados de emoção. Ele me amava e eu também o amava há muito tempo se não fosse aquele pequeno senão em seu físico...

Voltou a minha lembrança o dia em que estivemos no hotel na Riviera Francesa onde ele me contou tudo.

"Há algo que preciso lhe falar... Não o fiz até hoje por... bem... É melhor eu mostrar do que falar."

Ele então começou a tirar a calça e fugia, sinceramente, a minha compreensão o porquê de ele estar fazendo aquilo. Quando vi o que ele queria me mostrar e relutara a fazer até então, eu compreendi o porquê ele me dissera que havia se mudado para Paris na esperança de fugir de algo.

"Foi um acidente", comentou ele, com certo constrangimento. "Eu ainda era moleque. O triciclo capotou e caiu sobre a minha perna direita. Eu... Aceitei tão prontamente a realidade que hoje, quando olho para trás, me surpreendo.

Eu, simplesmente, emudeci. Estava agoniada, sem saber que atitude tomar diante de tão surpreendente revelação.

"Posso perceber pelo seu olhar que está chocada", acrescentou ele com um quê de tristeza. "Não se sinta constrangida. Você não é a única. A maioria das mulheres com quem saí tiveram a mesma reação. Até mesmo as pagas. Essas só não foram embora porque eram pagas. O dinheiro estava falando mais alto do que o preconceito, nojo, sei lá como definir."

Eu continuava perdida. Completamente perdida, sem saber o que dizer. Ele, limpando a garganta, continuou:

"Eu já vivi isso antes... não se sinta intimidada de sair por aquela porta e... sei lá... tomar um tempo para pensar se quer me rever... se..."

Meus lábios estavam prensados um ao outro, meu queixo tremia violentamente. Deus meu, que situação.

"Vá, Ana Paula", aconselhou-me ele diante do meu martírio. "Pode ir para a sua casa. Eu só não a levo, agora, porque estou novamente decepcionado com a vida, por ter de viver outra vez a mesma situação por eu ter uma perna mecânica. Ainda mais por ser você, a mulher que amo do fundo do meu coração."

Eu passei a mão nos meus cabelos, prendendo-os atrás das minhas orelhas e, após um minuto de hesitação, peguei minhas coisas e deixei o quarto sem sequer me despedir.

Revivi tudo isso tão claramente que tive a sensação de estar lá novamente, naquele quarto de hotel. Cheguei a esquecer que estava seguindo pro altar para realizar o meu casamento, o sonho de toda mulher.

Assim que cheguei ao altar, o Giulio veio até a mim, me beijou, tomou minha mão e me conduziu até o local. A cerimônia, então, teve início. O padre fazia o seu sermão quando me virei para o Giulio e tentei dizer algo, mas a voz falhou.

– O que houve? – perguntou-me ele, baixinho.

– Eu... eu – balbuciei, tremendo toda.

– Você não está passando bem?

O padre continuava seu sermão.

– Você está branca... – murmurou Giulio, começando a temer o pior.

Finalmente falei o que muito queria:

– Eu não posso me casar com você, Giulio.

Os olhos dele se arregalaram tomados de susto e decepção.

– O que houve? Você estava tão decidida.

– Eu não estou sendo sincera com você. Só queria me casar porque você é de certo modo rico e, assim, teria meu futuro garantido. A certeza de uma casa para morar, uma casa grande e espaçosa como eu sempre sonhei. Um carro luxuoso na garagem, um bom plano de saúde, viagens com estadias nos melhores hotéis e, logicamente, dinheiro para poder ajudar a minha filha a se formar numa faculdade, digna como eu tanto quero.

Sua resposta foi surpreendente:

– O amor se constrói com o convívio, Ana Paula.

– Eu não estaria agindo certo com você nem você estaria agindo certo consigo mesmo, casando-se com uma mulher que decidiu se unir a você por interesse. Você merece uma mulher que aja com você com sinceridade e essa mulher não sou eu.

– Eu não acredito que você vai me dar o bolo mais uma vez.

– Desculpe-me, Giulio, mas...

– Saiba que essa foi a última vez que isso aconteceu, Ana Paula. Nunca mais vou perder meu tempo com você. Nunca mais quero vê-la também.

...

Nem bem cheguei ao carro, Martina que viera correndo atrás de mim, me agarrou pelo braço e disse:

– Você perdeu o juízo, Ana Paula?! Vai jogar tudo o que o Giulio pode lhe dar financeiramente por...

– Dignidade?! Sim. Vou. Já perdi.

– Pense na sua filha, no futuro promissor que esse casamento pode oferecer a ela!

– Tenho de pensar no que ela vai pensar de mim, quando souber que fui capaz de tal baixeza com uma pessoa, só por causa de dinheiro, Martina. Quero que ela sinta orgulho de mim, do meu caráter e não, vergonha. Entende?

– Sim e não. Acho que você está cometendo uma tremenda besteira na sua vida.

– Se for realmente uma besteira, será mais uma para a minha coleção.

– E agora?

– E agora... só me resta voltar para o Brasil.

– Não faça isso. Você vai trabalhar no que naquele país miserável? A Europa, apesar da crise, continua sendo o continente das oportunidades, aqui se consegue emprego com um estalar de dedos.

– No Brasil tem muita gente empregada também, Martina. Você se esqueceu de que sou brasileira e não desisto nunca, *chérie?* Eu me viro... Dou um jeito.

Muito decepcionada, Martina encerrou nosso pequeno diálogo com uma frase que me causou grande impacto:

– Você ganhou na loteria, minha amiga e jogou o bilhete fora!

O que você faria no meu lugar, amigo leitor? Seria capaz de fazer o que fiz por dignidade? Ou pensa como Martina, que ganhei na loteria, entre aspas, e joguei o bilhete fora?

Talvez você me ache uma tonta. É, posso mesmo estar sendo, ao voltar para o Brasil com uma mão na frente e a outra atrás, um lugar desacreditado pela maioria das pessoas. Talvez você concorde com a minha atitude, obrigada. A questão é que o Brasil é a minha casa, entende? É meu ninho, é meu lar. Apesar dos pesares, eu amava o meu país, de paixão. A França pode ter me dado a oportunidade de ganhar dinheiro, ter uma experiência de vida forte e gratificante, mas não é minha casa... Aquela nossa casa com letra maiúscula, entende?

Depois de chegar ao Brasil e detalhar os últimos acontecimentos de minha vida para minha mãe e Patrícia, minha filha me perguntou:

– O que a senhora pretende fazer de agora em diante, mamãe?

– Ainda não sei, filha. Só sei que a gente vai dar a volta por cima. Sou brasileira, lembra?

Ela completou com um sorriso:

– E brasileiro não desiste nunca!

– É isso aí. Não se preocupe, minha querida. Você ainda vai se formar numa das melhores faculdades do país.

– Eu posso tentar uma estadual...

– Ainda assim, precisará de dinheiro para pagar a moradia, alimentação, material escolar, livros...

Abracei a menina e falei ao pé de seu ouvido:

– Sabe, filha. Eu já passei por tantas e não caí, não vai ser agora que irei ao chão. Não, mesmo, você vai ver!

– A senhora é mesmo muito forte.

– Sou o que sou, filha, porque sou brasileira e com muito orgulho.

Patrícia me abraçou forte, demonstrando todo o seu amor. Então, perguntei:

– E quanto ao Marco Aurélio? Vocês nunca mais se falaram?

– Não, mamãe.

– Você ainda o ama, não?

– Eu penso nele, sim, a todo instante, não vou negar. Mas me lembro nessas horas que homem que é homem tem de saber o que quer da vida. Não pode ser um fantoche nas mãos de uma mãe louca e obcecada por dinheiro e posição social como a dele. Tem de ter caráter, opinião, personalidade...

Estava espantada com a transformação das novas gerações. Especialmente na mulher, nas jovens da idade de Patrícia. Eu era tão submissa na idade dela...

– Você tem razão, filha. Mas talvez ele ainda seja muito imaturo para assumir o que quer diante dos pais manipuladores que tem. Tenha paciência.

– E a senhora, mamãe. Nunca ouvi a senhora falar de outro envolvimento amoroso nesses anos todos, senão com meu pai e com o Giulio.

– Apareceram outros homens, logicamente, filha. Mas por eu me sentir insegura na presença deles, adiar por meses qualquer relação sexual, eles acabavam se afastando de mim. Nenhum também me despertou algo bom em mim como o Giulio.

– Ainda acho que a senhora deveria ter-se casado com ele. Talvez o problema não seja a perna dele e sim, medo de amar.

– Como assim "medo de amar"?

– Medo de amar, ora. A senhora nunca ouviu dizer que por medo de amar afastamos as pessoas de nós? Por medo de perdê-las um dia, de rejeição, traição... É algo que acontece com muita gente de forma inconsciente. Há muitas matérias a respeito do assunto nas revistas e internet, atualmente. Vale a pena conferir, pois as matérias informam também como devemos proceder para curar esse medo de amar.

Fiquei mais surpresa com o fato de minha filha ser uma jovem por dentro de tudo do que propriamente com o que ela me disse. Algo, que descobri mais tarde, ser de extrema importância para todos.

Dias depois, andando pela praia de Ipanema uma luz divina, como diria Roberto Carlos, iluminou meus pensamentos. Encontrei

237

uma saída para ganhar dinheiro. Fui vender lanches naturais e salgadinhos na praia. Assim fui me virando, não ganhava muito, mas pelo menos dava para ir me sustentando até eu encontrar algo melhor para fazer.

Meses depois, recebi uma ligação de Martina, da França.
– *Chérie,* que bom ouvir sua voz. Como vai? – perguntei.
– Bem. Não vou me demorar, senão a ligação fica muito cara. É o seguinte. Preste bem atenção no que vou lhe dizer. Conheci um *bambambam* da televisão que conseguiu me classificar para participar de um Reality Show. Sabe o que é um Reality Show*, não?
– Sei. Está tendo o primeiro deles aqui na televisão brasileira.
– Pois bem, minha querida, consegui te encaixar no programa.
– Eu?!
– Você, sim! Quando o meu amante soube que você era a tal moça que ficou famosa no Brasil por ter salvado pessoas da terrível enchente próxima à cidade do Rio de Janeiro e que falava francês fluentemente e tinha também um passado bastante interessante como *showgirl* em Paris, ele quis porque quis, você participando do programa. Os ensaios vão começar, venha urgentemente para cá, amanhã mesmo, no primeiro voo que conseguir. São quinhentos mil Euros em jogo. O vencedor ganha tudo. Vale a pena participar. Sem contar o que você poderá ganhar com participações em programas de TV e propagandas, depois de ter participado do programa.
– Agradeço por ter-se lembrado de mim, Martina. Mas não tenho um centavo para pagar uma passagem para o exterior.
– Te vira! Se eu tivesse te emprestava. Não perca essa oportunidade, Ana Paula. Uma oportunidade como essa só acontece uma vez na vida. É para um em um milhão. Aproveite!

Martina conseguira me deixar empolgada para participar do Reality Show. Porém, como pagar uma passagem para a Europa se

---

*É um programa de TV onde os participantes ficam confinados em uma casa por cerca de três meses, e vão sendo eliminados, semanalmente, por meio de votação do telespectadores, até restar somente um que ganhará o grande prêmio do programa. (N. do A.)

eu não tinha um centavo para isso? Até minhas joias havia vendido para ajudar nas despesas, depois que perdi o emprego na boate. Pensei em pedir emprestado para o Décio, mas ele também estava duro. O que fazer? Foi difícil para mim ver uma oportunidade como aquela, escapando de minhas mãos. Outro golpe da vida.

Foi então que me lembrei de uma pessoa que poderia me ajudar diante daquilo. A única, a meu ver, com quem poderia contar.

Diante do *seu* Antenor, eu falei:

– Não sei, sinceramente, se deveria ter vindo. Acho que não... em todo caso, já que estou aqui...

– Diga, Ana Paula – me incentivou ele também com o olhar.

Contei-lhe a seguir sobre o telefonema de Martina e da oportunidade que me apareceu.

– Em que posso ajudá-la, Ana Paula?

– Não sei se devo lhe pedir alguma ajuda, *seu* Antenor. Ainda mais depois de tudo que fiz contra o senhor no passado.

– Já são águas passadas.

Tomei ar e fui direto ao assunto:

– Eu preciso de algum dinheiro para poder pagar uma passagem para Paris, para poder chegar a tempo de participar desse programa de TV. Prometo pagar-lhe assim que receber algum dinheiro. Mesmo que não ganhe o prêmio máximo, ganhamos brindes, dinheiro com propaganda, mídia...

Sem pensar duas vezes, ele passou a mão no cheque e perguntou:

– De quanto precisa?

– Bem...

Falei o valor da passagem. Ele preencheu o cheque e me deu, sorrindo.

– Faço votos de que você ganhe o jogo.

– Obrigada.

Ao ver o valor, agitei-me:

– Mas isso é o dobro do que eu preciso, *seu* Antenor.

– Dei a mais para qualquer eventualidade.

– Prometo reembolsá-lo, assim que tiver pingado algum na minha mão.

Ele sorriu e acrescentou:

– Só não comente nada com minha esposa, caso a encontre por aí.

– Pode deixar.

Dei um beijo de agradecimento no *seu* Antenor e parti, feliz da vida. Pelo caminho só um pensamento me agitava o cérebro. O dom do perdão de *seu* Antenor. Sem ele, eu não teria sido ajudada. De fato, como todos diziam, o perdão era miraculoso, tanto para quem o praticava como para quem o recebia.

Minha família ficou semiempolgada com a minha participação no Reality Show, é que isso era ainda muito novo para todos os brasileiros, o primeiro programa na TV brasileira ainda estava se tornando popular.

E lá ia eu de volta para Paris. Chegando lá, fui direto com Martina para a emissora de TV, pra participar dos ensaios do programa. Ensaios, sim, era preciso. Para que os participantes aprendessem como se comportar quando confinados no acampamento nas montanhas, conhecessem as regras, o que podia ser falado ou não, para não serem eliminados e também para a produção do programa ter a certeza de que todos aguentariam ficar enclausurados numa casa nas montanhas, sem enlouquecer.

O programa começou e foram três meses de uma experiência fascinante. Por três vezes, eu fui parar no que no Brasil chamam de "Paredão" e por pouco não fui eliminada.

Eu queria muito o dinheiro do prêmio, pois, com ele, poderia dar uma virada na minha vida.

Nesse ínterim, Marco Aurélio procurou por Patrícia e voltou às boas com ela, retomando o namoro interrompido por causa da tragédia que abalou nossa cidade.

O Marcelo finalmente se casou, obrigado pelo pai da moça que ele namorava há dez anos. O homem era um dos bicheiros mais influentes de uma das comunidades do Rio.

– Pare de enrolar a minha filha, seu cafajeste – sentenciou o bicheiro. – Ou se casa com ela ou...

Marcelo achou melhor não perguntar o que significava o "ou". Para ajudá-lo a sustentar a filha, o sogro pôs Marcelo nos seus "negócios". E todo dia, Marcelo procurava sonhar com um bicho só para poder ganhar no jogo, mas, para sua revelia, por mais que sonhasse e apostasse no bicho com que sonhara, nunca acertava.

O Décio foi promovido no trabalho e, com isso, pôde ajudar mamãe e Patrícia até que eu estivesse de volta ao Brasil.

Depois de ter entrado no Reality Show, na França, apareci novamente na mídia brasileira, dessa vez por estar participando do programa.

Faltava apenas uma semana para encerrar o Reality Show e eu era uma das três finalistas... Certamente eu não venceria, afinal, era uma estrangeira; os franceses, certamente, prefeririam um francês para ganhar o prêmio. Se bem que a Europa toda também o acompanhava e votava para eliminar ou eleger o vencedor.

No dia da final o apresentador falou:

Nem sempre a vida vai nos sorrir...

Haverá muitos momentos em que ela vai nos dizer não.

E você vai perder o chão...

E vai olhar para o céu, querendo ver estrelas e tudo que verá é um imenso infinito...

E você vai se perguntar: E agora, o que faço da minha vida? E você, temporariamente, vai ouvir apenas o silêncio como resposta...

O desespero vai aumentar até que uma luz se acenda em seu coração, lembrando que você é de uma raça forte e que pode romper todos os obstáculos que estão à sua volta e dar a volta por cima.

A grande vencedora do nosso Reality Show dessa temporada é... a brasileira que não desiste nunca: Ana Paula Nogueira!

Eu mal podia acreditar no que ouvi. Eu vencera! Deus meu, eu vencera! Eu ganhara 500 mil Euros! Ulá lá lá!!!

Assim que cheguei ao Brasil, fizemos uma festa, fui notícia em toda a mídia, convidada para várias entrevistas em revistas, jornais e TV. E ganhei por isso também. Marcelo voltou-se para mim e falou na lata:

– Vá ter sorte assim no quinto dos infernos!

Incrível como ninguém olha para o que a gente passou na vida, quando a gente vence, não?

Ao ser chamada para fazer um comercial de TV, Marcelo falou novamente:

– Vai ter sorte assim...

Com *seu* Antenor, agradeci:

– Se não fosse o senhor, *seu* Antenor... Eu não teria participado desse concurso, é sério. O senhor me salvou pela segunda vez. Ou melhor, pela terceira. Pois aprendi muito ao ter movido aquele processo contra o senhor, um processo indigno. Sabe, não foi coisa da minha cabeça, foi meu irmão quem me sugeriu e eu, sem medir as consequências, aceitei.

– Eu sabia que aquilo não havia partido de você, Ana Paula.

– Minha mãe sempre me disse: não se deve cuspir no prato que se come.

– Tudo é passado, Ana Paula.

– Eu só tenho a lhe agradecer. Aqui está o dinheiro que me emprestou e que perdeu na ação.

– Não precisa me pagar...

– Eu faço questão.

– Doe a uma instituição de caridade.

– Acho que nenhuma delas vai aceitar minha doação, o senhor sabe que depois que descobriram que eu era uma showgirl me viraram a cara.

– Isso é ruim para as crianças que precisam de ajuda.

– Se é.
– Guarde esse dinheiro então para ajudar sua filha na faculdade.
– O senhor tem certeza?
– Absoluta.
– Posso lhe dar um abraço?

Ele sorriu, abriu os braços e nos abraçamos. Eu pisara na bola com aquele homem, o único que me estendeu a mão quando mais precisei, mas graças à sua bondade, seu dom de perdoar, ele pôde me ajudar mais uma vez.

Diante de Patrícia, ela me perguntou:
– E agora, mamãe?
– Agora, filha... Agora só me resta o amor.
– A senhora acredita, por acaso, naquele ditado que diz: "Quem tem sorte no jogo, não tem sorte no amor e vice-versa?".
– Prefiro pensar, filha, já que é um direito meu dirigir meus pensamentos, que ganhei no jogo e tenho sorte no amor. Pois como muitos dizem, o que pensamos, cedo ou tarde, torna-se realidade.

Como disse Chico Xavier: "Embora ninguém possa voltar atrás e fazer um novo começo, qualquer um pode começar agora e fazer um novo fim."

16

Brilhante verdadeiro...

Dias depois na França...
– Giulio?! – chamei-o assim que o vi.
Ele olhou para mim com perplexidade.
– Que coincidência nos encontrarmos aqui... – murmurou quase sibilando.
– Não foi coincidência – respondi com simpatia.
– Não?
– É lógico que não. Eu vim parar aqui por sua causa.
– Não acredito.
– Acredite. Apesar de você ter-me dito no altar, deixando bem claro que nunca mais queria me ver, perder seu tempo comigo... Bem, eu vim, mesmo assim.
– Disse o que disse, porque estava com muita raiva de você. E continuo, acredite. O amor e o ódio andam de mãos dadas, não é o que dizem?
– Minha vida mudou muito, Giulio.
– Eu sei. Ainda me mantenho informado sobre a sua pessoa. Não tenho como evitar, afinal, você participou de um dos programas de maior destaque na televisão francesa. Saiu em toda mídia, fez comercial e tudo mais... É quase impossível deixar de saber de você, Ana Paula. Por mais que eu quisesse, por mais que alguém queira.

– A sorte, finalmente, olhou para mim, Giulio. Também, depois de tudo... Desculpe-me, posso refazer a frase. A sorte na verdade sempre esteve ao meu lado: tive uma filha linda, consegui dar a volta por cima toda vez que foi preciso. Por isso posso dizer que sou uma mulher sortuda.

– Sim, Ana Paula, você é uma sortuda. Acho que todos são, uns apenas não reconhecem. Mas me diga, o que a traz até a mim? Não foi para falar de casamento, outra vez, né?

Ele riu.

– Foi, sim, Giulio.

Minha resposta o surpreendeu. Suas sobrancelhas se arquearam, ele me olhava agora com cara de bobo.

– Outra vez?! Essa não! – defendeu-se.

– A Patrícia, minha filha, meses atrás, me disse algo muito importante, ao qual naquele momento não dei a devida atenção.

– O que foi que ela disse, Ana Paula?

Giulio parecia muito curioso agora.

– Ela disse: "Ainda acho que a senhora deveria ter-se casado com ele. Talvez o problema não seja a perna dele e sim, medo de amar." E ela estava certa; percebi tempos depois... Eu não me envolvi com você por medo inconsciente de ser abandonada como o pai de minha filha fez comigo um dia, como meu próprio pai fez com minha mãe.

– Você está certa disso?

– Muito certa.

Suspirei e continuei:

– Toda mulher sonha, inconscientemente, com a chegada de um homem que transforme a sua vida totalmente, que a faça transbordar de felicidade, uma felicidade há muito ansiada. Um homem que a surpreenda constantemente, um tipo inesquecível. E você para mim é esse homem, Giulio. Sempre foi... Por isso está certo quem diz que a felicidade mora ao lado, mas, por pensarmos que mora longe, não a vemos.

Tomei ar e continuei:

– E é por isso que estou aqui. Porque quero mesmo me casar com você, agora, sem interesse algum, somente a vontade louca de fazê-lo feliz.

Giulio mordia os lábios, quando aproximou-se de mim. Mirando meus olhos, disse-me, apaixonadamente:

– *Je t'aime.*

E entre seus abraços e beijos eu me lembrei da frase de Chico Xavier:

"Que eu não perca a vontade de doar este enorme amor que existe em meu coração, mesmo sabendo que muitas vezes ele será submetido a provas e até rejeitado."

O restante dessa história você já sabe... é presumível... Nos casamos, dessa vez numa cerimônia discreta, com o intento de sermos felizes até que a morte nos separasse...

Pelo Giulio acabei voltando a morar na França, mas sempre que podíamos, passávamos as férias no Brasil. Patrícia teria vindo morar comigo, mas por causa do seu namoro com Marco Aurélio, ainda que contra a vontade de seus pais, acabou ficando por lá. O amor, de fato, exige sacrifícios.

Com o passar do tempo, Décio ficou ainda melhor financeiramente, trabalhando honestamente, no Brasil... Teve mais um filho que alegrou muito a sua vida.

Marcelo continuou trabalhando veladamente no jogo do bicho e acabou se tornando um pai dedicado quando foi agraciado com a vinda de um filho.

Eu também tive mais dois com o Giulio, dois como ele tanto queria. Chamaram-se: Pierre e Thierry.

No casamento de Patrícia e Marco Aurélio, Patrícia fez questão que Marcelo a levasse até o altar, afinal, ele fizera o papel de pai na sua vida durante muitos anos.

Mamãe depois do casamento da neta, foi morar com o Décio e sempre que queria, vinha passar um tempo comigo na Europa.

Logicamente que jamais permiti que ela reencontrasse papai; temi que pulasse sobre ele e o estapeasse, desse um escândalo. É... O amor é assim para alguns, nem tanto ao céu nem tanto à Terra...

E essa é a vida, minha gente.

As coisas nunca vão ser exatamente como vocês esperam. Haverá sempre uma paixão e uma desilusão. Para outros, muitas paixões e desilusões.

Haverá pessoas que só entrarão na sua vida para atrapalhar. Haverá momentos em que você vai se sentir extremamente humilhada, mal-amada, solitária e infeliz. Mas haverá também pessoas que lhe serão muito gratas por você existir, por estar ao seu lado, por estender-lhes a mão.

Haverá situações que fugirão ao seu controle e você se perguntará: "E agora o que faço?" E você não vai ouvir resposta alguma, de imediato. Vai parecer que não há saída para o seu problema. Que a vida a encurralou como um gato encurrala um rato. O desespero vai balançá-la, poderá até dominá-la por inteiro, você poderá até mesmo adoecer por isso. Mas lembre-se de que tudo, tudo mesmo, pode ser diferente, basta você reagir positivamente.

Dizer: "Nem que o mundo caia sobre mim, eu não desisto nunca! Deus está ao meu lado!".

OUTROS SUCESSOS BARBARA

"FALSO BRILHANTE, DIAMANTE VERDADEIRO"

Marina está radiante, pois acaba de conquistar o título de Miss Brasil. Os olhos do mundo estão voltados para sua beleza e seu carisma.

Ela é uma das favoritas do Concurso de Miss Universo. Se ganhar, muitas portas lhe serão abertas em termos de prosperidade, mas o que ela mais deseja, acima de tudo, é ser feliz ao lado de Luciano, seu namorado, por quem está perdidamente apaixonada.

Enquanto isso, Beatriz, sua irmã, se pergunta: "Como pode alguém como Marina ter tanta sorte na vida e eu não? Ter um amor e eu ninguém, sequer alguém que me paquere?"

Pessoas na cidade, de todas as idades, questionam: Como pode Beatriz ser irmã de Marina, tão linda e Beatriz, tão feia, como se uma fosse um brilhante e a outra um diamante bruto?

Entre choques e decepções, reviravoltas e desilusões segue a história dessas duas irmãs cujas vidas mostram que nem tudo que reluz é ouro, nem tudo que brilha é brilhante e que aquilo que ainda é bruto também pode irradiar luz.

"AS APARÊNCIAS ENGANAM"

Carla está muito apaixonada por Caíne, um rapaz brilhante, herdeiro de uma famosa rede de farmácias do país. Durante a brincadeira do Amigo Secreto (Amigo Oculto) do curso de inglês da qual participam, ele recebe um bilhete dizendo: "Você vai morrer!".

Todos os colegas de classe consideram aquilo uma brincadeira de muito mau gosto.

Para a surpresa e espanto de todos, o rapaz é assassinado uma semana depois. Teria sido morto pela pessoa que lhe enviou aquele misterioso bilhete? É isso o que todos querem saber. Qual o verdadeiro motivo por trás daquela apavorante morte que chocou a todos?

O leitor não vai conseguir se desprender deste romance. Ainda que ansioso para chegar ao final, não deve pular as páginas, pois em cada uma há muito mais do que pistas, há vida real, surpreendente e fatal.

PAIXÃO NÃO SE APAGA COM A DOR

No contagiante verão da Europa, Ludvine Leconte leva a amiga Bárbara Calandre para passar as férias na casa de sua família, no interior da Inglaterra, onde vive seu pai, viúvo, um homem apaixonado pelos filhos, atormentado pela saudade da esposa morta ainda na flor da idade.

O objetivo de Ludvine é aproximar Bárbara de Theodore, seu irmão, que desde que viu a moça, apaixonara-se por ela.

O inesperado então acontece: seu pai vê na amiga da filha a esposa que perdeu no passado. Um jogo de sedução começa, um duelo entre pai e filho tem início.

De repente, um acidente muda a vida de todos, um detetive é chamado porque se suspeita que ele foi premeditado. Haverá um assassino à solta? É preciso descobrir antes que o mal se propague novamente.

Este romance leva o leitor a uma viagem fascinante pelo mundo do desejo e do medo, surpreendendo-o a cada página. Um dos romances, na opinião dos leitores, mais admiráveis.

VIDAS QUE NOS COMPLETAM

Vidas que nos completam conta a história de Izabel, moça humilde, nascida numa fazenda do interior de Minas Gerais, propriedade de uma família muito rica, residente no Rio de Janeiro.

Com a morte de seus pais, Izabel é convidada por Olga Scarpini, proprietária da fazenda, a viver com a família na capital carioca. Izabel se empolga com o convite, pois vai poder ficar mais próxima de Guilhermina Scarpini, moça rica, pertencente à nata da sociedade carioca, filha dos donos da fazenda, por quem nutre grande afeto.

No entanto, os planos são alterados assim que Olga Scarpini percebe que o filho está interessado em Izabel. Para afastá-la do rapaz, ela arruma uma desculpa e a manda para São Paulo.

Izabel, então, conhece Rodrigo Lessa, por quem se apaixona perdidamente, sem desconfiar que o rapaz é um velho conhecido de outra vida.

Uma história contemporânea e comovente para lembrar a todos o porquê de a vida nos unir àqueles que se tornam nossos amores, familiares e amigos... Porque toda união é necessária para que vidas se completem, conquistem o que é direito de todos: a felicidade.

A OUTRA FACE DO AMOR

Eles passavam a lua de mel na Europa quando ela avistou, ao longe, pela primeira vez, uma mulher de rosto pálido, vestida de preto da cabeça aos pés, olhando atentamente na sua direção. Então, subitamente, esta mulher arrancou uma rosa vermelha, jogou-a no chão e pisou até destruí-la.

Por que fizera aquilo?

Quem era aquela misteriosa e assustadora figura?

E por que estava seguindo o casal por todos os países para os quais iam?

Prepare-se para viver emoções fortes a cada página deste romance que nos revela a outra face do amor, aquela que poucos pensam existir e os que sabem, preferem ignorá-la.

A Solidão do Espinho

Virgínia Accetti sonha, desde menina, com a vinda de um moço encantador, que se apaixone por ela e lhe possibilite uma vida repleta de amor e alegrias.

Evângelo Felician é um jovem pintor, talentoso, que desde o início da adolescência apaixonou-se por Virginia, mas ela o ignora por não ter o perfil do moço com quem sonha se casar.

Os dois vivem num pequeno vilarejo próximo à famosa prisão "Écharde" para onde são mandados os piores criminosos do país. Um lugar assustador e deprimente onde Virgínia conhece uma pessoa que mudará para sempre o seu destino.

"A Solidão do Espinho" nos fala sobre a estrada da vida a qual, para muitos, é cheia de espinhos e quem não tem cuidado se fere. Só mesmo um grande amor para cicatrizar esses ferimentos, superar desilusões, reconstruir a vida... Um amor que nasce de onde menos se espera. Uma história de amor como poucas que você já ouviu falar ou leu. Cheia de emoção e suspense. Com um final arrepiante.

SEM AMOR EU NADA SERIA...

Em meio à Segunda Guerra Mundial, Viveck Shmelzer, um jovem alemão do exército nazista, apaixona-se perdidamente por Sarah Baeck, uma jovem judia, residente na Polônia.

Diante da determinação nazista de exterminar todos os judeus em campos de concentração, Viveck se vê desesperado para salvar a moça do desumano destino reservado para sua raça.

Somente unindo-se a Deus é que ele encontra um modo de protegê-la, impedir que morra numa câmara de gás.

Enquanto isso, num convento, na Polônia, uma freira se vê desesperada para encobrir uma gravidez inesperada, fruto de uma paixão avassaladora.

Destinos se cruzarão em meio à guerra sanguinária que teve o poder de destruir, tudo e todos, exceto o amor. E é sobre esse amor indestrutível que fala a nossa história, transformada neste romance, um amor que uniu corações, almas, mudou vidas, salvou vidas, foi no final de tudo o maior vitorioso e sobrevivente ao Holocausto.

Uma história forte, real e marcante. Cheia de emoções e surpresas a cada página... Simplesmente imperdível.

SÓ O CORAÇÃO PODE ENTENDER

Tudo preparado para uma grande festa de casamento quando uma tragédia muda o plano dos personagens, o rumo de suas vidas e os enche de revolta. É preciso recomeçar. Retirar as pedras do caminho para prosseguir... Mas recomeçar por onde e com que forças? Então, quando menos se espera, as pedras do caminho tornam-se forças espirituais para ajudar quem precisa reerguer-se e reencontrar-se num mundo onde **só o coração pode entender**. É preciso escutá-lo, é preciso aprender a escutá-lo, é preciso tirar dele as impurezas deixadas pela revolta, para que seja audível, límpido e feliz como nunca foi...

Uma história verdadeira, profunda, real, que fala direto ao coração e nos revela que o coração sabe bem mais do que pensamos, que pode compreender muito mais do que julgamos, principalmente, quando o assunto for amor e paixão.

NINGUÉM DESVIA O DESTINO

Heloise ama Álvaro. Os dois se casam, prometendo serem felizes até que a morte os separe.

Surge então algo inesperado.

Visões e pesadelos assustadores começam a perturbar Heloise.

Seriam um presságio?

Ou lembranças fragmentadas de uma outra vida? De fatos que marcaram profundamente sua alma?

Ninguém desvia o destino é uma história de tirar o fôlego do leitor do começo ao fim. Uma história emocionante e surpreendente. Onde o destino traçado por nós em outras vidas reserva surpresas maiores do que imaginam a nossa vã filosofia e as grutas do nosso coração.

Se Não Amássemos Tanto Assim

No Egito antigo, 3400 anos antes de Cristo, Hazem, filho do faraó, herdeiro do trono se apaixona perdidamente por Nebseni, uma linda moça, exímia atriz. Com a morte do pai, Hazem assume o trono e se casa com Nebseni. O tempo passa e o filho tão necessário para o faraó não chega. Nebseni se vê forçada a pedir ao marido que arranje uma segunda esposa para poder gerar um herdeiro, algo tido como natural na época. Sem escolha, Hazem aceita a sugestão e se casa com Nofretiti, jovem apaixonada por ele desde menina e irmã de seu melhor amigo.

Nofretiti, feliz, casa-se, prometendo dar um filho ao homem que sempre amou e jurando a si mesma destruir Nebseni, apagá-la para todo o sempre do coração do marido para que somente ela, Nofretiti, brilhe.

Mas pode alguém apagar do coração de um ser apaixonado a razão do seu afeto? **Se não amássemos tanto assim** é um romance comovente com um final surpreendente, que vai instigar o leitor a ler o livro outras tantas vezes.

A lágrima não é só de quem chora

Christopher Angel, pouco antes de partir para a guerra, conhece Anne Campbell, uma jovem linda e misteriosa, muda, depois de uma tragédia que abalou profundamente sua vida. Os dois se apaixonam perdidamente e decidem se casar o quanto antes, entretanto, seus planos são alterados da noite para o dia com a explosão da guerra. Christopher parte, então, para os campos de batalha prometendo a Anne voltar para casa o quanto antes, casar-se com ela e ter os filhos com quem tanto sonham.

Durante a guerra, Christopher conhece Benedict Simons de quem se torna grande amigo. Ele é um rapaz recém-casado que anseia voltar para a esposa que deixara grávida. No entanto, durante um bombardeio, Benedict é atingido e antes de morrer faz um pedido muito sério a Christopher. Implora ao amigo que vá até a sua casa e ampare a esposa e o filho que já deve ter nascido. Que lhe diga que ele, Benedict, os amava e que ele, Christopher, não lhes deixará faltar nada. É assim que Christopher Angel conhece Elizabeth Simons e, juntos, descobrem que quando o amor se declara, nem a morte separa as pessoas que se amam.

Por entre as flores do perdão

No dia da formatura de segundo grau de sua filha Samantha, o Dr. Richard Johnson recebe uma ligação do hospital onde trabalha, solicitando sua presença para fazer uma operação de urgência numa paciente idosa que está entre a vida e a morte.

Como um bom médico, Richard deixa para depois a surpresa que preparara para a filha e para a esposa para aquele dia especial. Vai atender ao chamado de emergência. Um chamado que vai mudar a vida de todos, dar um rumo completamente diferente do almejado. Ensinar lições árduas...

"Por entre as flores do perdão" fará o leitor sentir na pele o drama de cada personagem e se perguntar o que faria se estivesse no lugar de cada um deles. A cada página viverá fortes emoções e descobrirá, ao final, que só as flores do perdão podem nos libertar dos lapsos do destino. Fazer renascer o amor afastado por uma tragédia.

Uma história de amor vivida nos dias de hoje, surpreendentemente reveladora e espiritual.

Suas verdades o tempo não apaga

No Brasil, na época do Segundo Reinado, em meio às amarguras da escravidão, Antônia Amorim descobre que está gravemente doente. Diante disso, sente-se na obrigação de contar ao marido, Romeu Amorim, um segredo que guardara durante anos. No entanto, sem coragem de dizer-lhe olhos nos olhos, ela opta por escrever uma carta, revelando tudo. Após sua morte, Romeu se surpreende com o segredo, mas, por amar muito a esposa, perdoa-lhe. Os filhos do casal, Breno e Thiago

Amorim, atingem o ápice da adolescência. Para Thiago, o pai prefere Breno, o filho mais velho, a ele, e isso se transforma em revolta contra o pai e contra o irmão. O desgosto leva Thiago para o Rio de Janeiro onde ele conhece Melinda Florentis, moça rica de família nobre e europeia. Disposto a conquistá-la, Thiago trama uma cilada para afastar o noivo da moça e assim consegue cortejá-la.

Essa união traz grandes surpresas para ambos e nos mostra que atraímos na vida tudo o que almejamos, porém, tudo na medida certa para contribuir com nossa evolução espiritual. Tudo volta para nós, conforme nossas ações; cada encontro nos traz estímulos e oportunidades, que se forem aproveitados, podem ajudar o nosso aprimoramento espiritual e o encontro com o ser amado mobiliza o universo afetivo.

Breno Amorim, por sua vez, é levado pela vida a viver encontros que vão permitir que ele se conheça melhor e se liberte das amarras que o impedem de ser totalmente feliz. Encontros que vão fazê-lo compreender que a escravidão é injusta e que ajudar o negro escravo a ser livre é o mesmo que ajudar um irmão a quem muito se ama a encontrar a felicidade, que é um direito de todos, não importa cor, raça, religião nem *status* social.

Esta é uma história emocionante para guardar para sempre no seu coração. Um romance que revela que **suas verdades o tempo não apaga** jamais, pois, geralmente, elas sempre vêm à tona e, ainda que sejam rejeitadas, são a chave da libertação pessoal e espiritual.

Quando é Inverno em Nosso Coração

Clara ama Raymond, um humilde jardineiro. Então, aos dezessete anos, seu pai lhe informa que chegou a hora de apresentar-lhe Raphael Monie, o jovem para quem a havia prometido em casamento. Clara e Amanda, sua irmã querida, ficam arrasadas com a notícia. Amanda deseja sem pudor algum que Raphael morra num acidente durante sua ida à mansão da família. Ela está no jardim, procurando distrair a cabeça, quando a carruagem trazendo Raphael entra na propriedade.

De tão absorta em suas reflexões e desejos maléficos, Amanda se esquece de observar por onde seus passos a levam. Enrosca o pé direito numa raiz trançada, desequilibra-se e cai ao chão com grande impacto.

– A senhorita está bem? – perguntou Raphael ao chegar ali.

Amanda se pôs de pé, limpando mecanicamente o vestido rodado e depois o desamassando. Foi só então que ela encarou Raphael Monie pela primeira vez. Por Deus, que homem era aquele? Lindo, simplesmente lindo! Claro que ela sabia: era Raphael, o jovem prometido para se casar com Clara, a irmã amada. Mas Clara há muito se encantara por Raymond, do mesmo modo que agora, Amanda, se encantava por Raphael Monie.

Deveria ter sido ela, Amanda, a prometida em casamento para Raphael e não Clara. Se assim tivesse sido, ela poderia se tornar uma das mulheres mais felizes do mundo, sentia Amanda.

Se ao menos houvesse um revés do destino...

Quando é inverno em nosso coração é uma história tocante, para nos ajudar a compreender melhor a vida, compreender por que passamos certos problemas no decorrer da vida e como superá-los.

Quando o Coração Escolhe

(Publicado anteriormente com o título: "A Alma Ajuda")

Sofia mal pôde acreditar quando apresentou Saulo, seu namorado, à sua família e eles lhe deram as costas.

– Você deveria ter-lhes dito que eu era negro – observou Saulo.

– Imagine se meu pai é racista! Vive cumprimentando todos os negros da região, até os abraça, beija seus filhos...

– Por campanha política, minha irmã – observou o irmão.

Em nome do amor que Sofia sentia por Saulo, ela foi capaz de jogar para o alto todo o conforto e *status* que tinha em família para se casar com ele.

Ettore, seu irmão, decidiu se tornar padre para esconder seus verdadeiros sentimentos.

Mas a vida dá voltas e nestas voltas a família Guiarone aprendeu que amor não tem cor, nem raça, nem idade, e que toda forma de amor deve ser vivida plenamente. E essa foi a maior lição naquela reencarnação para a evolução espiritual de todos.

Amor incondicional

Um livro repleto de lindas fotos coloridas com um texto primoroso, descrevendo a importância do cão na vida do ser humano, em prol do seu equilíbrio físico e mental. Um livro para todas as idades! Imperdível!

Para adquirir um dos livros ou obter informações sobre os próximos lançamentos da Editora Barbara, visite nosso site:

www.barbaraeditora.com.br

ou escreva para:

BARBARA EDITORA
Rua Primeiro de Janeiro, 396 – 81
Vila Clementino – São Paulo – SP
CEP 04044-060
(11) 5594 5385

E-mail: barbara_ed@2me.com.br

Contato c/ autor: americosimoes@estadao.com.br
Facebook: Américo Simões
Orkut: Américo Simões
Blog: http://americosimoes.blogspot.com.br

H